Ausgewählte Diskursanalysen der politischen Schweiz

Herausgegeben von Christian Ewert

Bibliografische Information der Deutschen Nationalbibliothek
Die Deutsche Nationalbibliothek verzeichnet diese Publikation
in der Deutschen Nationalbibliografie; detaillierte bibliografische
Daten sind im Internet über http://dnb.d-nb.de abrufbar

Layout: Christian Ewert

Herstellung und Verlag: BoD – Books on Demand, Norderstedt

ISBN: 978-3-75780-575-3

Inhalt

Vorwort
Christian Ewert

Sprache und Politik gehören doch irgendwie zusammen.
Sei es, dass Politiker:innen Versprechen machen um
wiedergewählt zu werden oder sich hitzige Debatten im
Parlament liefern. Oder seien es die Abstimmungsplakate,
die viermal im Jahr für ein Ja oder Nein werben. Oder
Unterhändler:innen, die einen internationalen Vertrag
aushandeln, Gesetze, die Vorschriften machen, Stadträte
und -rätinnen, die den Standortvorteil ihrer Gemeinde
anpreisen oder Protestierende, die gegen Missstände
angehen. In vielen Menschenrechtserklärungen ist die freie
Meinungsäusserung geschützt, auch wenn Länder wie etwa
Deutschland manche Aussagen und Symbole (aus dem dritten
Reich) verbieten. Und schliesslich werden aktuell Debatten
geführt über genderneutrale Sprache, kulturelle Aneignung
(etwa Dreadlocks, die von Weissen getragen werden) oder
Pronomen, die auf die Gender-Identität hinweisen.

Doch neben solchen direkten Anwendungen von Sprache
ist es auch die Sprache selbst, die politisch sein kann. Die
Schweiz (Bevölkerung fast 9 Millionen), zum Beispiel, kennt
vier Landessprachen, welche stark die lokalen Kulturen und
Identitäten prägen. Belgien (ca. 12 Millionen) hingegen kennt
drei Landessprachen. In Mosambik (ca. 32 Millionen) gibt es
nur eine offizielle Landessprache, das Portugiesische, welches
die Sprache der einstigen Kolonialmacht ist. Und Simbabwe
(ca. 16 Millionen) hat ganze 16 offizielle Landessprachen!

Es wundert daher nicht, dass die Wissenschaft grosses
Interesse an der politischen Dimension der Sprache zeigt.

Sie konzentriert sich dabei nicht nur auf die «offizielle»
Sprachnutzung von staatlichen Organen und Akteuren,
sondern auch auf die Alltagssprache, also auf die Art
und Weise, wie wir auf Social Media kommunizieren,
an Stammtischen, in Vereinen und Familien.

Ihr Augenmerk richtet die Wissenschaft dabei
auf verschiedene Aspekte. Ein Beispiel wäre die
Rassismusforschung. Dabei geht es nicht nur um die Frage,
was Rassismus eigentlich ist, sondern auch, wie Rassismus
durch Sprache hervorgerufen, bewahrt, verändert
oder beseitigt wird. So untersuchen etwa Törnberg und
Törnberg (2016) die Beiträge auf einem schwedischen
Forum, welches für die eher rechte Gesinnung seiner
Nutzer:innen bekannt ist. Die beiden Autoren erforschen
unter anderem, mit welchen Eigenschaften der Islam,
Muslime und Musliminnen bedacht werden. Ein weiteres
Beispiel aus der Forschung wäre die Analyse der politischen
Rhetorik. Welche rhetorischen Strategien nutzen etwa
Politiker:innen, um ihre Politik zu «verkaufen», wie
überzeugen sie ihre Anhänger:innen? Boriello (2017) zeigt zum
Beispiel, wie Politiker Metaphern von Umweltkatastrophen
nutzen um ihre Austeritätspolitik zu begründen.

Das Ziel solcher und ähnlicher Studien ist es, einerseits,
die politische Sprachnutzung zu erklären und verstehen.
Es geht also darum, Theorien aufzustellen, Muster zu
erkennen, Zusammenhänge zu entdecken. Andererseits
ist viele Forschung gerade zum Thema Politik und
Sprache auch kritisch, sie will Machtstrukturen und
(oft unbewusste) Annahmen und Ideologien aufdecken
und herausfordern. Und gerade bei Missständen möchte

man Alternativen aufzeigen. Wie könnten wir *besser*
miteinander reden? Wie gerechter, inklusiver?

Im Frühjahr 2022 hatte ich das grosse Privileg, ein Seminar an
der Universität Zürich für Masterstudierende zum politischen
Diskurs mit Schwerpunkt Schweiz anbieten zu dürfen. Mir
liegt dieses Thema sehr am Herzen. Gerade in Zeiten von *Fake
News*, wachsender Polarisierung, einer immer komplexer
werdenden Gesellschaft und den grossen Herausforderungen
von Krieg, Klimakrise und sozialer Gerechtigkeit ist es
wichtig, genau «hinzuhören» und «zwischen den Zeilen
zu lesen». Also nicht das Gesagte sofort für bare Münze
zu nehmen, sondern zu analysieren, zu hinterfragen.

Was habe ich mich jede Woche auf unsere nächste
Sitzung gefreut! Zum einen durfte ich mich mit Themen
beschäftigen, die mich interessieren und die ich
relevant, ja sogar spannend, finde. Zum zweiten hatte ich
durch das Seminar die Gelegenheit, diese Themen den
Studierenden vorzustellen und – viel wichtiger – mich mit
den Studierenden über diese Themen auszutauschen. Und
gerade in diesem Austausch, wenn wir offen diskutieren
können, Ideen teilen, Fragen stellen (undbedingt auch
kritische!), gerade dann findet wirkliches Lernen statt.
Dann geht es nicht nur ums Auswendiglernen, sondern um
neue Perspektiven und Einsichten, um etwas, das nicht
nur intellektuell bereichert, sondern auch menschlich.

Mir war daher recht bald klar, dass die Seminararbeiten,
welche die Studierende als Leistungsnachweis haben
einreichen müssen, nicht einfach so ungewürdigt in
der Schublade verschwinden sollten, nein, dürften!

Die Themen und Ideen, die in den Arbeiten behandelt
wurden, waren einfach zu relevant und wertvoll.
Und darum habe ich den Studierenden vorgeschlagen, nach
dem Semester ein Buch mit ihren Arbeiten zu publizieren. Das
Interesse an einem solchen Projekt war deutlich zu spüren.

Das vorliegende Buch enthält die Beiträge fünf
Studierender; es sind diejenigen, welche an diesem
Projekt teilnehmen wollten. Die Texte wurden revidiert
und etwas an das Format eines Buches angepasst.
Thematisch decken sie unterschiedliche Themen der
Schweizer Politik, vor allem der Demokratie, ab.

Lucca Bär konzentriert sich dabei auf die **Demokratie** selbst.
Zuerst ist *Demokratie* ja nur ein Begriff, der mit Inhalt und
Sinn gefüllt werden muss. Was verstehen wir darunter, wie
nutzen wir diesen Begriff, was erwarten wir, wenn wir ihn
hören? Lucca hat zwei Polparteien (SP und SVP) analysiert um
aufzuzeigen, wie diese den Begriff der Demokratie verstehen
und nutzen. Gerade bei diesem «Grundbegriff» der politischen
Schweiz fällt auf, wie weit die beiden Parteien voneinander
entfernt sind, und wie nah sie sich manchmal doch kommen.

Andri Rizzi beschäftigt sich, ganz ähnlich, mit einer weiteren
wichtigen Idee der politischen Schweiz, ihrer **Kleinheit**.
Es ist tatsächlich so, dass die Schweiz in Aspekten wie
Geografie oder Einwohnerzahl, im internationalen Vergleich,
klein ist. Für Andri ist die Kleinheit dann vor allem ein
rhetorisches Instrument, das genutzt werden kann, um
für oder gegen politische Entscheide zu argumentieren.
Spannend ist dabei, dass dieses Instrument sehr flexibel ist
und in verschiedene Kontexte und Weltansichten passt.

Elena Püntener behandelt den aktuellen Abstimmungskampf um **Schwangerschaftsabbrüche**, ein Thema, das ja regelmässig auf die politische Agenda kommt. Sie konzentriert sich dabei auf diejenigen Argumente und Publikationen, welche von den Befürworter:innen für strengere und eingeschränkte Abbrüche vorgebracht werden. Zentral ist dabei das Frauenbild. Wie werden Frauen, welche einen Abbruch durchführen wollen, dargestellt und welche Eigenschaften werden ihnen zugeschrieben?

Priska Schuler bearbeitet die Rolle und Relevanz der Landwirtschaft in der Schweizer Gesellschaft. Gerade die letzten Abstimmungen zur **Agrarpolitik** waren, für Schweizer Verhältnisse wenigstens, ausserordentlich intensiv und aggressiv. Priska argumentiert, dass in öffentlichen Debatten das Selbstverständnis der Bauern und Bäuerinnen aufeinanderprallt mit dem Fremdverständnis der restlichen Gesellschaft. Dadurch kommt es zu Missverständnissen, zur Eskalation, zum Konflikt.

Anthony Martin Müller, schliesslich, hat die **Beschaffung von Kampfflugzeugen** analysiert; ebenso ein Thema, welches in der Schweiz häufiger debattiert wird. Welche Argumente werden von den Befürworter:innen, die neue und «bessere» Flugzeuge anschaffen wollen, präsentiert und welche von den Gegner:innen. Anthony sagt, dass insbesondere die Bedrohungslage unterschiedlich interpretiert wird, und entsprechend die neuen Flugzeuge eben gut oder überhaupt nicht für die Schweiz geeignet seien.

Ein zentrales Thema unseres Seminars, und damit auch der hier vorliegenden Beiträge, ist die Diskursanalyse, so wie sie insbesondere von James Paul Gee (2011) und Brian

Paltridge (2011) vertreten wird. Beide argumentieren, dass angewandte Sprache nicht nur genutzt wird, um Informationen zu übermitteln. Sondern dass wir dadurch auch etwas tun und sein können. In der Politik *tun* wir mit Sprache zum Beispiel Entscheidungen begründen oder unsere Zustimmung zu einem Vorschlag oder einer Partei begründen. Und durch unsere Sprache (unseren Slang, unsere Wortwahl, …) *sind* wir eben auch Teil von bestimmten Gruppierungen und geben so unsere Zugehörigkeiten preis. Diese Dreidimensionalität der Sprache fasst Gee sehr schön so zusammen: «we use language to say things, do things, and be things» (2011: 3). Eben, das ist Sprache, *saying, doing, being.*

Liebe Leserin, lieber Leser, an dieser Stelle habe ich wohl genug *gesagt*; das Spannende an diesem Buch ist ja nicht das Vorwort, sondern die nun folgenden Beiträge. Ich hoffe daher, dass Sie jetzt etwas *tun* werden, nämlich eben diese zu lesen und geniessen. Wenn Sie dann mit der Lektüre fertig sein werden, wünsche ich Ihnen, dass Sie am Thema Politik und Sprache interessiert, unterhalten und vor allem nachdenklich geworden *sind.*

Liebe (ehemalige) Studierende, liebe Autor:innen, liebe Kolleg:innen, mein ganzer Dank gilt Euch.

Christian Ewert
Thun im März 2023

Referenzen

Borriello, A. 2017. 'There is no alternative': How Italian and Spanish leaders' discourse obscured the political nature of austerity. *Discourse & Society*, 28(3), 241-261.

Gee, J. P. 2011. *An Introduction to Discourse Analysis*. New York: Routledge.

Paltridge, B. 2012. *Discourse Analysis*. London: Bloomsbury.

Törnberg, A & Törnberg, P. 2016. Combining CDA and topic modeling: Analyzing discursive connections between Islamophobia and anti-feminism on an online forum. *Discourse & Society*, 27(4), 401-422.

(1)

Die Kontextabhängigkeit des Demokratiebegriffes in Schweizer Parteiprogrammen

Lucca Bär

Einführung

In diesem Buchkapitel möchte ich mich genauer mit dem Begriff der «Demokratie» im Schweizer Kontext auseinander setzten. Denn trotz der langen demokratischen Tradition der Schweiz und dem Berufen auf die demokratischen Ideale dieses politischen Systems ist die Bedeutung des Wortes «Demokratie» alles andere als eindeutig. Eine Vielzahl an unterschiedlichen Werten, Idealen, wissenschaftlichen Konzepten und Theorien werden in unterschiedlichen Kontexten mit diesem Begriff assoziiert. Man kann sich zum Beispiel fragen, wer genau zu den Wahlberechtigten gehört, wie weit die Kompetenzen dieser Wahlberechtigten gehen oder auf welche Bereiche der Politik sich diese Kompetenzen beziehen (Held 2006: 1-2). In zwei spezifischen Kontexten möchte ich den Gebrauch dieses Begriffs und besonders die damit einhergehenden Wertvorstellungen näher untersuchen. Es soll dabei einerseits um die Schweizerische Volkspartei, andererseits die Sozialdemokratische Partei der Schweiz gehen, zwei Parteien, welche sich an unterschiedliche Polen des politischen Raums der Schweiz befinden (Bornschier 2015: 688-692). Demokratie wird von diesen politischen Akteuren jeweils anders gedeutet, mit anderen normativen Werten versehen und im Zusammenhang mit anderen Begriffen verwendet. Politische Polarisierung kann Konsensfindung erschweren, was in einem politischen System wie der Schweiz, welches auf lange Deliberation und Konsens setzt, um politische Konflikte zu lösen, verheerend sein kann (Bochsler et al. 2015). Sind die Bilder von Demokratie in der Schweizer Politik so verschieden, dass gemeinsame Elemente nur noch schwer zu finden sind, so kann dies potentiell schwerwiegende Folgen für die Funktionsweise des politischen Systems haben. Meine Forschungsfrage lautet entsprechend:

Wie unterscheiden sich der Gebrauch und die Bedeutung des Wortes «Demokratie» im Kontext der Sozialdemokratischen Partei der Schweiz und im Kontext der Schweizerischen Volkspartei?

Ich werde mit einer Diskussion zum Begriff der Demokratie einsteigen und versuchen darzulegen, warum und inwiefern dieser ein schwieriger, wandelbarer und besonders kontextabhängiger Begriff ist, der unterschiedlichste Bedeutungen beinhalten kann. Sodann soll die konkrete Methode für die Analyse behandelt werden. Ich werde den diskursanalytischen Ansatz von James Paul Gee (2011) anwenden, aber auch zusätzliche Ideen, die wir im Rahmen des Seminars kennengelernt haben, in die Arbeit einfliessen lassen. Gerade die Idee der *discourse communities* nach Brian Paltridge (2012) ist ein zusätzliches relevantes Konzept, wenn es um konkrete Gruppen und ihre Diskurse geht. Dieser Ansatz macht in Bezug auf politische Parteien Sinn, da diese jeweils gesonderte Sets an Werten teilen und versuchen, diese in der politischen Arena zum Beispiel in Form von Policies umzusetzen. Mithilfe von Parteiprogrammen soll ermittelt werden, wie und in welcher Verbindung das Wort «Demokratie» in diesen Texten konkret gebraucht wird. Es soll also die Interdependenz von Text und Kontext anhand dieses Begriffes untersucht werden. Die mit Demokratie assoziierten Werte, Ideale und Ziele sollen für die jeweilige Partei zusammengetragen und analysiert werden. Diese

Elemente sollen dann verglichen werden, wobei der Fokus besonders auf den Differenzen liegt, welche es zwischen diesen beiden politischen Parteien gibt. Schliesslich werden im Fazit die Resultate noch einmal kurz diskutiert und ein Ausblick auf weitere Forschung gegeben.

Der Begriff der «Demokratie» und seine Schwierigkeit
Demokratie an sich und die Frage, was ein demokratisches System ausmacht, sind notorisch schwierig zu klären. Ein Zitat von Abraham Lincoln wird oft als «Definition» oder als Einstieg in das Konzept der Demokratie verwendet, obwohl das Wort Demokratie in der Rede, aus der das Zitat stammt, nicht einmal vorkommt. Es ist dies ein Teilsatz aus dem Gettysburg Address, der folgendermassen lautet: «(...) government of the people, by the people, for the people (...)» (Miller Center 2022). Auf den ersten Blick scheint das Zitat den Grundgedanken der Demokratie gut wiederzugeben, es wird klar beschrieben, dass das Volk durch das Volk selbst regiert wird, welches also Rechte und Pflichten einer Demokratie in sich vereint. Aber bei genauerer Betrachtung finden sich viele Dinge, welche für ein demokratisches System relevant sind, hier nicht. Es ist beispielsweise nicht klar, wer mit «the people» denn eigentlich gemeint ist. Sind das nur Männer, nur Weisse, nur Wehrdienstleistende, nur Steuerzahlende? Soll ein Gesetzesentwurf durch jeden Menschen in einer Nation überprüft und ratifiziert werden? Wie weit gehen die Kompetenzen des Volkes und den Mehrheiten, welche sich daraus bilden? Dies sind nur einige Fragen, welche an eine Demokratie gestellt und oft immer wieder neu ausgehandelt werden (Held 2006). Ebenfalls am Beispiel des Gettysburg Address zeigen Christian Ewert und Marion Repetti die Wandelbarkeit von Demokratie

in zeitlichen und sozialen Dimensionen eindrücklich auf.
Demokratie, oder demokratische Theorie, werden mit
dem linguistischen «Code» der Gettysburg Address immer
wieder erneuert und aktualisiert. Je nach Kontext können
Lincolns Worte demnach unterschiedlich interpretiert,
mit einer sich verändernden Nachricht versehen werden
(Ewert & Repetti 2019: 65-68). Ich glaube, dasselbe kann
über den Begriff der Demokratie an sich gesagt werden.

Der Grundsatz für demokratische Systeme bildet oft eine
Verfassung, so auch in der Schweiz. Diese ist ebenfalls
meist nicht unveränderbar, sondern Teil der beständig
umkämpften demokratischen Idee. Darüber hinaus kann
eine Verfassung erheblichen Einfluss auf die politischen
Prozesse und deren Qualität ausüben (Benoit 2006).
Verfassungen oder demokratische Systeme generell sind
dabei immer Trade-offs, nehmen wir als Beispiel das
Milizsystem der politischen Repräsentation der Schweiz.
Einerseits kann hier argumentiert werden, dass ein solches
System Repräsentant:innen beinhaltet, welche durch
ihre Semi-Professionalität die Perspektiven des Volkes
besonders gut vertreten und die Erfahrung aus ihren
Berufen sowie ihrem Privatleben in die Politik tragen
(Geser et. al. 1987). Andererseits sind diese Menschen aber
eben keine Expert:innen und die zunehmende Komplexität
von politischen Entscheidungen, beziehungsweise deren
Umsetzung, könnte zu einer schlechten Performanz und
qualitativen Einbussen führen (Germann 1995). Kurzum,
es gibt nicht eine normativ beste Form der Demokratie,
sondern sie wird durch unterschiedliche Dinge wie der
historischen Situation, der Bevölkerungszusammensetzung,
den aktuellen Problemen und vielem mehr beeinflusst
und beständig verändert. So auch in der Gegenwart,

die Ideen über die Ausgestaltung von Demokratie
oder beispielsweise eines Nationalstaates variieren
je nach politischer Überzeugung (Schmidt 2009).

Trotz der zeitlich und ideologisch unterschiedlichen
Nutzung und Interpretation des Begriffs der Demokratie
müssen politische Akteure am Ende dennoch zu einem
gemeinsamen Nenner kommen, um Politik effektiv betreiben
zu können. Die Demokratiekonzeption der SP und der SVP
als politisch diametrale Bewegungen zu untersuchen, ist
deshalb naheliegend. Als wählerstärkste Parteien sind
sie im politischen Prozess besonders einflussreich und
haben das Potenzial, die Schweizer Demokratie auf ihre
jeweils eigene Weise zu prägen. Eine Auseinandersetzung
mit dem Demokratiebegriff dieser Parteien erscheint
zudem als unerlässlich, da sie aufgrund der relativen
Stabilität des Schweizer Parteiensystems wahrscheinlich
noch für einige Zeit von Bedeutung bleiben werden.

Theoretische Grundlagen und Methode dieser Arbeit
Grundsätzlich wird ein *speech event* nach Jakobson mit den
Parteien als Sender, den Leser: innen als Empfänger: innen
und den Parteiprogrammen als Nachricht untersucht.
Ausschlaggebend ist dabei der Kontext der jeweiligen Parteien,
aufgrund dessen ich unterschiedliche Bedeutungen von
Demokratie untersuche (Jakobson 1990).
In dieser Arbeit soll Diskursanalyse hauptsächlich nach
den Ideen und Konzepten von James Paul Gee betrieben
werden. Einsteigen in die Behandlung der Theorie und der
Methoden will ich aber mit dem Konzept der discourse
communities, wie es von Brian Paltridge vorgeschlagen
wurde. Discourse communities zeichnen sich dadurch aus,

dass sie gemeinsame Werte, Ziele, Kommunikationskanäle und Expertise auf einem gewissen Gebiet haben (Paltridge 2012: 15-16). Ich beginne damit, weil dies mein Thema gut umschreibt und eine zentrale Idee der Diskursanalyse veranschaulicht. Die Mitglieder:innen der SP sowie der SVP sind durch ihre jeweiligen Parteien Teil zweier discourse communities, in denen unterschiedliche Werte und Ziele in Bezug auf Politik geteilt werden. Als Parteimitglieder:innen allgemein, unabhängig von der konkreten Partei, sind diese Menschen aber auch Teil der discourse communities von politisch sehr interessierten und aktiven Personen, welche sich dadurch vom Rest der Bevölkerung abheben. Die Grenzen zwischen diesen discourse communities sind also unterschiedlich klar definiert und veranschaulichen, dass Menschen Teil mehrerer solcher communities sein können, wie das von Paltridge beschrieben wird (Paltridge 2005: 16). Die Parteiprogramme, welche ich als Textkorpus verwenden werde, sollen mir dabei helfen, diese discourse communities und ihr Verhältnis zur Demokratie als Begriff, Idee und Mittel zu Veränderung der Schweiz zu ergründen.

Obwohl die Einteilung nicht immer klar ist, möchte ich mich auf einige spezifische *building tasks* nach James Paul Gee (2011) beschränken. Diese building tasks sind Elemente der Sprache, welche bestehende Einstellungen verstärken und neue schaffen sollen, sie haben also ein konstruktivistisches Element. Vier building tasks lohnen sich für diese Analyse besonders, es sind dies significance, identities, relationships und politics/the distribution of social goods (Gee 2011: 17-20). Ich werde die Bezeichnungen der building tasks im Folgenden ins Deutsche übersetzen, also Signifikanz, Identität und Beziehungen zur Bezeichnung der Konzepte verwenden. Den vierten building task, also politics, werde ich nur als soziale Güter bezeichnen, da die Verteilung solcher Güter nach Gee der Hauptzweck von Politik ist (Gee 2011: 19).

Signifikanz lohnt sich zu behandeln, weil diese politisch sehr unterschiedlichen Gruppen sehr wahrscheinlich Elemente der Schweizer Demokratie anders wahrnehmen, mit anderen Werten versehen und unterschiedlich bewerten. Signifikanz wird also an anderer Stelle und auf andere Weise verortet.

Identitäten sind wichtig, weil sie die unterschiedlichen Ideale und Ideen dieser beiden Gruppen in sich vereinen und gewissermassen über die Zeit entstanden sind, beziehungsweise erschaffen wurden. Zu betonen ist hier auch, dass in diesen Dokumenten im Prinzip zwei Identitäten konstruiert werden, zum einen die Identität der SVP oder SP als politische Partei, und zum anderen die Nationale Identität der Schweiz, so wie sie von der jeweiligen Partei gedeutet und angestrebt wird.

Um das Verhältnis zu anderen politischen und sozialen Gruppen zu analysieren, sind Beziehungen gut geeignet. Denn politische Parteien definieren sich auch über die Abgrenzung von oder Annäherung an andere Parteien, von anderen politischen Ideen und nationalen sowie internationalen Akteuren. Positive Beziehungen zu anderen Akteuren im politischen System verraten uns mehr über die Wahrnehmung und Definition von Demokratie. Zudem ist wichtig, wann und in welchem Zusammenhang diese Beziehungen erwähnt werden.

Die Verteilung von sozialen Gütern schliesslich erfasst das normative Bild der Schweiz sowie von deren Bevölkerung. Soziale Güter halten fest, welche Dinge

für eine Gruppe von Menschen als wünschenswert,
normal, akzeptabel oder wertvoll gelten, also auf welche
Ziele eine politische Partei hinarbeiten oder was sie in
einer Gesellschaft verhindern will (Gee 2011: 5-7).

Von den *tools of inquiry* von James Paul Gee werden besonders
die *figured worlds* in dieser Analyse behandelt, denn sie
beschreiben meiner Meinung nach gut, wie sich eine Partei
die Schweiz und ihre Demokratie vorstellt und wie sie nach
diesen Vorstellungen handelt. Das Konzept erinnert mich
an Heuristiken, mithilfe derer die Welt wahrgenommen,
vereinfacht und in Kategorien eingeteilt wird. Ebenso
finden sich Normen und Werte in diesem Konzept, also alles
Dinge, welche eine politische Partei verkörpert und mittels
konkreter Policies in einem Staat verankern will (Gee 2011:
76-78). Ich sehe hier eine enge Verwandtschaft mit den
bereits beschriebenen discourse communities. Aber auch
discourses und *social languages* sollen hier eine Rolle spielen,
denn in den Parteiprogrammen finden sich neben dem Text
Bilder, Grafiken, und Symbole. Das wird von den discourses
abgedeckt. Social languages beschreiben hingegen Style
und Ausdrucksweisen, welche in einer bestimmten sozialen
Gruppe benutzt werden und verbreitet sind (Gee 2011: 28-29).

Mithilfe eines Parteiprogramms will eine Partei ihr
normatives Bild der Schweiz kommunizieren und damit
eine Grundlage für Änderungen in ihrem Sinne schaffen.
Wir sehen hier das Konzept der Sprache nach Gee, nämlich
das, was er als «Language as saying, doing and being»
(Gee 2011: 2) bezeichnet: Durch das Geschriebene, also der
Parteiprogramme, wird Politik betrieben und klar gemacht,
welche Ideale in der der Gesellschaft geschätzt werden. Es
wird eine Identität dargestellt. Gleichzeitig unterscheiden

sich die Programme in ihrer Formulierung, spiegeln also die social languages der jeweiligen Parteien wider. In der Literatur werden Parteiprogramme oft in stilistische Untergruppen eingeteilt, besonders wird unterschieden zwischen Grundsatzprogrammen und Wahl- oder Aktionsprogrammen. Diese Einteilung führte Heino Kaack in einer Analyse aus dem Jahr 1971 ein. Sie wird auch bis heute in der Forschung zu Parteiprogrammen verwendet (Anan 2016, Ickes 2008). Betont wird der Zweck von Wahlprogrammen, welche Wähler:innen aktivieren beziehungsweise überzeugen sollen, eine Stimme im Sinne der jeweiligen Partei abzugeben. Grundsatzprogramme hingegen dienen eher dazu, unterschiedliche Strömungen innerhalb einer politischen Partei zusammenzubringen und einen soliden Grundstein für zukünftige Politik zu setzen (Ickes 2008: 49-55). Parteiprogramme haben also eine Wirkung nach «Innen», aber auch nach «Aussen». Die Natur dieser Dokumente hat Vor- und Nachteile für die Analyse und die Verallgemeinerbarkeit der Resultate. Zum einen sind diese Texte quasi ein Amalgam von Meinungen innerhalb der jeweiligen Partei und spiegeln Trends in diesen gut ab. Sie sollen Klarheit schaffen und wurden wahrscheinlich in langer Arbeit von mehreren Autoren zusammengestellt, welche aber nicht als Urheber in den Dokumenten erwähnt werden. Urheber ist stattdessen die Partei als Ganzes, so sollen Grundsatzdokumente bis zu einem gewissen Grad zur Einigung von unterschiedlichen Strömungen innerhalb einer Partei dienen (Anan 2016: 28-30). Individuelle Parteiangehörige teilen wahrscheinlich einige, aber vielleicht nicht alle Punkte und Ziele in diesen Programmen. Welche Elemente genau geteilt werden oder eben nicht, kann, zumindest mit diesen Schriften, nicht festgestellt werden. Gerade in der Schweiz mit ihren stark föderalistischen politischen Strukturen, welche unterschiedliche Regionalsektionen der Parteien mit sich bringen, führt dies auch dazu, dass nicht alle Ansichten den Weg in diese Programme finden. Tatsächlich ist das Abwenden der nationalen Positionen durch die Parteisektionen relativ häufig, was den Informationsgehalt von Parteiprogrammen weiter in Frage stellt (Milic et al. 2014: 338-340). Es gilt also zu beachten, dass die Nachrichten in diesen Texten nicht pauschal auf alle Parteiangehörige zutreffen. Ebenfalls muss beachtet werden, dass unterschiedliche Menschen in Wahl- oder Grundsatzprogrammen adressiert werden. Während sich Wahlprogramme ganz gezielt an die wahlberechtigte Bevölkerung richten, sind Grundsatzprogramme mehr an ein Fachpublikum, wie Journalist:innen oder Wissenschaftler:innen, gerichtet. Wie bereits erwähnt sind auch Parteimitglieder:innen adressiert, mit dem Ziel, so interne Kohärenz herzustellen (Anan 2016: 28-30, Ickes 2008: 119-121). Das gibt dieser Analyse ein zusätzliches interessantes Element, da die beiden Programme, welche hier analysiert werden, klar zwei unterschiedlichen Typen nach Kaack entsprechen.

Im deutschsprachigen Raum wird Forschung zu Parteiprogrammen besonders in Deutschland betrieben. Dies liegt wohl unter anderem daran, dass in Deutschland ein ausführliches Parteirecht existiert, während politische Parteien in der Schweiz nur wenigen staatlichen Regeln unterliegen. Teil des deutschen Parteirechts ist eine Pflicht, politische Programme zu formulieren und aktuell zu halten (Anan 2016: 29). Dadurch existiert in Deutschland eine breite Fülle an programmatischen Texten, mit denen beispielsweise Änderungen in Parteien über lange Zeit nachvollzogen und analysiert werden können. Denis Anan (2016) tut dies anhand von Programmtexten der FDP und der Grünen.

Diese grosse Menge an Texten erlaubt auch Untersuchungen
zu konkreten sprachlichen Mustern, wie jene von Andreas
Ickes (2008). In der Schweiz ist die Quellenlage leider etwas
spärlicher. Dennoch lohnt sich eine Analyse, gerade weil es
vergleichsweise wenig Forschung zu diesem Thema in der
Schweiz gibt. Für meine Analyse habe ich mich daher dazu
entschieden, die aktuellen Parteiprogramme der SVP und
SP zu untersuchen. Das Programm der SP ist etwas älter, es
wurde im Jahr 2010 veröffentlicht, während jenes der SVP
pro Legislaturperiode der Bundesversammlung neu verfasst
wird, , für das aktuelle Programm ist das also 2019 bis 2023.
Es reiht sich damit in die Reihe der Wahlprogramme ein, wie
sie nach dem gleichen System beispielsweise in Deutschland
veröffentlicht werden (Anan 2016, Ickes 2008). Das Dokument
der SVP ist zudem sehr klar in Themen gegliedert,
während jenes der SP eher ein Grundsatzprogramm nach
Kaack darstellt (Kaak 1971: 401-405). Das wird zu Beginn
des Programms explizit betont, dieses Programm soll
die Vorlage für die Politik einer ganzen Generation sein
(Sozialdemokratische Partei der Schweiz 2010: i).

Diskursanalyse des SVP-Programms
Ich möchte mit der Analyse des Parteiprogramms der
Schweizerischen Volkspartei beginnen. Zusammenfassend
lässt sich sagen, dass die direkte Demokratie und die damit
einhergehenden Ideale des Volks als kontrollierendem
Souverän wohl den wichtigsten Wert der Demokratie
in diesem Text darstellt. Das ist angesichts der Siege bei
Abstimmungen der SVP und ihrem Selbstverständnis
als Volkspartei nicht überraschend. Bereits auf der
zweiten Seite wird der Demokratie im Sinne der SVP ein
freiheitssicherndes Element zugeschrieben. Die SVP baut

so ihre Identität als Verteidiger der direkten Demokratie
und des unverfälschten Volkswillens auf. Ebenfalls wird
eine negative Beziehung zu anderen Akteuren sowohl
innerhalb der Schweiz als auch ausserhalb hergestellt:

> «Sie muss immer wieder verteidigt werden
> gegen Druckversuche von aussen – aber
> auch von innen. Gegen all jene, welche die
> Bürgerinnen und Bürger bevormunden und
> die direkte Demokratie aushebeln wollen.»
> (Schweizerische Volkspartei 2019: 2)

So wird der direkten Demokratie als Instrument der
Selbstbestimmung und Garant der Unabhängigkeit
Signifikanz zugesprochen. Diese Gefahr für die direkte
Demokratie in der Schweiz selbst geht dabei besonders von
den Eliten aus. Die SVP bildet das Gegenstück zu diesen Eliten:

> «Eine Mehrheit von Bundesrat, Parlament
> und Bundesgericht will das Bürgerrecht der
> direktdemokratischen Abstimmung ausser Kraft
> setzen.» (Schweizerische Volkspartei 2019: 3)

Zum Volk hingegen, welches als Kontrollinstanz zur
etablierten Politik auf allen Ebenen funktionieren soll,
wird eine positive Beziehung gebildet. Eine Demokratie
garantiert die Freiheit des Volkes sowie die Freiheit
der Nation. Identitätsstiftend ist die Idee der Schweiz
und ihrem demokratischen System als einzigartig in
der Welt, beziehungsweise der Weltgeschichte:

> «Zu unserer Freiheit gehört die persönliche
> Mitbestimmung auf den Ebenen Gemeinde,

Kanton und Bund. Doch genau dieses zentrale
Freiheitsrecht, dieser weltweite Sonderfall ist
heute massiv bedroht – von innen noch mehr als
von aussen.» (Schweizerische Volkspartei 2019: 3)

Die direkte Demokratie ändern zu wollen oder
ihr Mängel zu unterstellen, stellt also einen
Angriff auf die Demokratie an sich dar.

Die direkte Mitbestimmung des Volkes ist zudem etwas, was
sich historisch entwickelt hat und deshalb bewahrenswert ist:

> «Die Schweiz ist gewachsen, sie zeigt seit
> Jahrhunderten ihren Willen zur Unabhängigkeit.
> Wir haben eine demokratische Mitbestimmung
> der Bevölkerung, die bis in die Anfänge
> der Eidgenossenschaft zurückgeht.»
> (Schweizerische Volkspartei 2019: 7)

Das verleiht der direkten Demokratie als aktiv gelebte,
historische Institution, dessen Erbe das Volk trägt, Signifikanz.
Zudem wird damit nicht nur die heutige Identität der Schweiz
als ein historisches Produkt einer sehr grossen Zeitspanne
definiert, sondern auch die Identität der SVP als Partei
ausserhalb der 1848 entstandenen staatlichen Strukturen
festgelegt, nur ist diese Identität heute institutionalisiert.

Die Entwicklung der Demokratie aus ist ebenfalls
spezifisch christlichen Wertvorstellungen zuzuschreiben,
fehlen diese, so ist ein Individuum nur eingeschränkt
fähig und berechtigt, die Mitbestimmung im Staat
per direkter Demokratie wahrzunehmen:

«Die Entflechtung von Kirche und Staat
darf nicht darüber hinwegtäuschen, dass
ein christlich geprägtes Gesellschafts- und
Menschenbild für die Kultur und die Politik
der Schweiz von grosser Wichtigkeit ist.
Der Verlust dieser Wurzeln und Werte wäre
verheerend. Gerade die individuelle Freiheit ist
eine Folge des christlichen Menschenbildes.»
(Schweizerische Volkspartei 2019: 121)

Explizit erwähnt werden Menschen muslimischen Glaubens,
die von der SVP teils nicht als Teil des Volkes gesehen
werden, da die Werte dieser konkreten Religion nicht mit
dem direktdemokratischen Ideal der SVP vereinbar sind:

«Doch die muslimischen Zuwanderer stammen
oft aus Ländern, in denen keine demokratische
Rechtsordnung herrscht. Sie bringen dadurch
teilweise Vorstellungen über Recht und
Ordnung oder die Stellung der Frau mit, die
mit unserem Rechtssystem und unseren
demokratischen Spielregeln nicht vereinbar
sind.» (Schweizerische Volkspartei 2019: 121).

Demokratie als soziales Gut ist also auch eine Art
Regelsystem für menschliches Verhalten und stellt gewisse
Ansprüche an das Individuum. Werden diese nicht erfüllt,
so ist keine Partizipation möglich, beziehungsweise
sie soll spezifischen Gruppen vorenthalten sein.
Diese «(…)freiheitlich-demokratischen Grundrechte
(…)» (Schweizerische Volkspartei 2019: 122) müssen
geachtet werden, um Teil des Volkes und Teil der SVP
zu sein. Besonders die freie Meinungsäusserung ohne

Einschränkung durch die Gesellschaft oder den Staat ist
ein Teil dieser Grundrechte und für ein demokratisches
System notwendig, und damit ein wertvolles soziales Gut:

> «Zur Demokratie gehört auch die
> freie Meinungsäusserung. Die SVP
> kämpft gegen Maulkörbe und gegen
> politisch korrekte Gesinnungsdiktate.»
> (Schweizerische Volkspartei 2019: 3)

Gegen aussen grenzt sich die SVP ebenfalls ab und
verstärkt so ihre Identität als Schützer des Schweizer
Sonderfalls, gerade die Europäische Union und ihr Projekt
der europäischen Integration wird durchweg negativ
gedeutet. Hier ist eine kritische Beziehung gegenüber der
top-down Perspektive von politischen Eliten zu sehen. Die
«wahre» Demokratie wird explizit als direkt, also vom Volk
ausgehend definiert und nicht als nur politisches, sondern
auch wirtschaftliches und soziales Erfolgsrezept behandelt:

> «Die Bürgerferne und die Demokratiedefizite
> der Brüsseler Bürokratie sind zu Recht
> Gegenstand ständiger Kritik. Die Schweiz
> ist demgegenüber in sämtlichen Ranglisten
> der EU überlegen: bei Standortattraktivität,
> Wohlstand, Sozialsystem, Verschuldung, ja
> sogar beim Glücksgefühl der Bürgerinnen und
> Bürger.» (Schweizerische Volkspartei 2019: 13)

Durch die Ablehnung des Beitritts zum europäischen
Wirtschaftraum 1992 sei die Sicht des Volkes
auf die EU klar und einzig die SVP stellt sich
in dieser Sache auf die Seite des Volkes:

«Und es ist das Verdienst der SVP, seit über
zwei Jahrzehnten auf der Seite der Bevölkerung
gegen den EU- und EWR-Beitritt gekämpft zu
haben.» (Schweizerische Volkspartei 2019: 13).

Legitim sind lediglich vom Volk getroffene Entscheidungen,
internationales Recht ist dies mangels eines Volkes,
oder mangels gemeinsamer Institutionen, laut der SVP
explizit nicht. Demokratie wird durch das Volk zugleich
ausgeübt und legitimiert, womit rein repräsentative
politische Systeme nicht ohne weiteres als demokratisch
bezeichnet werden können. Internationales Recht führt
denn auch zu Demokratiedefiziten innerhalb der Schweiz,
da der Volkswille gewissermassen verwässert wird:

> «Heute wird das internationale Recht höher
> eingestuft als das im eigenen Land von
> Parlament und Volk erlassene Recht. Dies zeigt
> sich darin, dass immer mehr Volksinitiativen
> nicht oder nicht korrekt umgesetzt werden.
> Dieses fremde Recht, das oft trügerisch als
> ‹Völkerrecht› betitelt wird, ist aber wenig oder
> oft überhaupt nicht demokratisch legitimiert.»
> (Schweizerische Volkspartei 2019: 10).

Nationales Recht ist ein verteidigungswürdiges soziales Gut,
internationales Recht hingegen beschneidet den Volkswillen.
Signifikanz wird also hergestellt, indem direktdemokratische
Entscheidungen als die primäre Quelle von politischer
Legitimation dargestellt werden. Wiederrum zeigt sich hier,
dass die SVP ihre die Identität als volksnahe Partei spezifisch
in der direkten Demokratie verordnet.
Zu den Medien hat die SVP ein gespaltenes Verhältnis,

einerseits werden sie als wichtig für eine funktionierende
Demokratie gesehen, anderseits aber wird ein negativer
Einfluss von staatlicher Förderung festgehalten:

> «Eine vielfältige und unabhängige
> Medienlandschaft ist zentral für eine
> funktionierende Demokratie. Ein neues
> Mediengesetz, welches staatliche Förderungen
> von Medien zementiert, ja sogar ausbaut, lehnt die
> SVP ab.» (Schweizerische Volkspartei 2019: 99)

Staatliche Förderung wird nicht unterstützt,
stattdessen wird den Medien vorgeworfen, diese
staatlichen Mittel zu missbrauchen:

> «Der über Jahre praktizierte Missbrauch
> des Begriffs ‹Service Public› ist zu beheben.»
> (Schweizerische Volkspartei 2019: 99)

Freiheit wird so gedeutet, dass sie jenen zugutekommt,
welche die für die SVP spezifischen Vorstellungen
von Demokratie teilen, jene die das nicht tun,
schränken die Freiheit des Volkes ein.

Auch die social language dieses Dokuments ist interessant,
die Äusserungen sind eindeutig formuliert und richten
sich an potentielle Wähler:innen, nicht an ein politisches
Fachpublikum. Das entspricht Kaacks Bild von
Wahlprogrammen (Kaack 1971: 403). Eine klare Einteilung
in Themen erlaubt es den Angesprochenen, nur Teile des
Dokuments zu lesen und trotzdem die wesentlichen Positionen
der Partei zu diesen spezifischen Dingen zu erfahren.

In der figured world der SVP ist das direktdemokratische
Element der Schweizer Demokratie zentral, sowohl für
die Identität der Schweiz als Nationalstaat als auch für
die Identität der Partei selbst. Diese Form der Kontrolle
und Lenkung eines Landes unmittelbar durch das Volk ist
ein hochgeschätztes soziales Gut und die normativ beste
Form der Demokratie, welche beschützt werden muss. Die
Rolle dieses Schutzpatrons wird ausschliesslich für sich
selbst beansprucht. Partizipation soll auf jene Menschen
beschränkt sein, welche die Grundwerte der SVP in
Bezug auf soziale Güter teilen. Die direkte Demokratie ist
Ausdruck des Volkswillens, welcher in diesem Kontext
fast schon absolut angesehen wird, mindestens aber
internationales Recht übertrifft. Dem internationalen
Recht wird der Status als soziales Gut quasi abgesprochen,
es dient nicht als Element, welches in der figured world
für die Interpretation des Alltags oder der Politik dient.

Bilder und Symbole spiegeln die Aussagen der jeweiligen
Themen in simpler Art wider und verstärken die Nachrichten
des Textes noch. Zu Beginn des Dokuments ist der Bundesbrief
abgebildet, ein Zitat des mythischen Rütlischwurs dient
als Einleitung (Schweizerische Volkspartei 2019: 2). Geht
es um Straftaten, so ist eine verängstigte Frau abgebildet,
welche über ihre Schulter hinweg zwei düstere Gestalten
beobachtet (Schweizerische Volkspartei 2019: 55), wo es
um die Schweiz als Finanzplatz geht, sind handwerklich
tätige Menschen zu sehen (Schweizerische Volkspartei
2019: 22). Bilder von Parteimitgliedern und ihre Aussagen
zu gewissen Themen machen die involvierten Menschen
unmittelbar zugänglich und veranschaulichen die
Identität der SVP. Sie ist ein Teil des Volkes, handelt

ausschliesslich in dessen Interesse und verteidigt es gegen
Gefahren von ausserhalb und innerhalb der Schweiz.

Diskursanalyse des SP-Programms
Ich wende mich nun der Sozialdemokratischen Partei der
Schweiz zu, welche das Adjektiv «demokratisch» ja bereits
im Namen trägt. Dieser Name ist Programm, denn der
von der SP angestrebte Prozess der Demokratisierung von
Wirtschaft und Politik nimmt bei weitem den grössten Raum
im Textkorpus ein. Unterschiedliche Dinge werden dieser
Idee zugeschrieben und stellen soziale Güter das, welche
die SP schätzt und mittels der Politik verteilen will. Diese
Demokratisierung soll vieles erreichen, das Wichtigste ist aber
wohl die Umgestaltung der Gesellschaft und Wirtschaft durch
ein Lossagen von kapitalistischen Ideen und Strukturen:

> «Die Vision heisst demokratischer Sozialismus.
> Dieser beruht auf Freiheit, Gerechtigkeit und
> Solidarität, achtet die Würde des Menschen und
> befreit ihn von Ausbeutung, Unterdrückung
> und Not. Um diese Werte zu verwirklichen,
> brauchen wir einen Plan. Dieser Plan ist die
> Demokratisierung aller demokratisierbaren
> Bereiche unserer Gesellschaft.»
> (Sozialdemokratische Partei der Schweiz 2010: 15)

Die Demokratisierung soll Macht in die Hände Aller legen
und sie nicht den Wenigen überlassen. Partizipation
soll in dieser Form der Demokratie universell sein,
ohne den Ausschluss gewisser Gruppen:

«Wir lehnen jede Form einer ausschliessenden
Gesellschaftsordnung ab – unabhängig
davon, ob der Ausschluss auf Vorrechten
oder Benachteiligungen beruht. Wir wollen
Privilegien abbauen, Barrieren aller Art
beseitigen und soziale Entfaltungsräume
bereitstellen, die es allen ermöglichen, ein
selbstbestimmtes und gleichberechtigtes Leben
zu führen und den Zugang zu allen Bereichen des
gesellschaftlichen Lebens frei wählen zu können.»
(Sozialdemokratische Partei der Schweiz 2010: 20)

Bildung als soziales Gut soll diese Demokratisierung
erleichtern, denn erst dadurch werden sich Menschen ihrer
Rolle gegenüber der Politik und der Wirtschaft bewusst:

«Demokratische und kritische Bildung
ermöglicht dem Menschen, sich, seine Lage
und die Welt zu verstehen und zu beurteilen
sowie seine Freiheit im vollen Besitz
seiner Möglichkeiten wahrzunehmen.»
(Sozialdemokratische Partei der Schweiz 2010: 29)

Das impliziert zumindest, dass die Interpretation
der Demokratie durch die SP jene ist, welche
durch steigenden Wohlstand und damit mehr
Ausbildungsmöglichkeiten logisch daraus folgt.

Auch hier werden negative Beziehungen zu internationalen
Akteuren hergestellt, um die eigene Identität zu betonen
und einen klaren Gegenspieler zu umschreiben. Besonders
zu erwähnen ist dabei die wirtschaftliche Globalisierung,
welche etablierte Nationalstaaten und ihre demokratischen

Strukturen bedroht, da kapitalistischer Wettbewerb laut
der SP zur Schwächung von Wohlfahrtssystemen führt.
Spezifisch grenzübergreifend tätige Unternehmen und
jene Menschen, welche am meisten von diesen Strukturen
profitieren, werden in einem negativen Licht dargestellt:

> «Die Entwicklung zu Weltmärkten
> bevorzugt international tätige Finanz- und
> Industriekonzerne, die sich nationalstaatlichen
> Regulierungen entziehen können, weil
> internationale Regeln häufig noch fehlen. Die
> aktuellen Formen der Globalisierung sind
> deshalb mit einem enormen Machtzuwachs
> transnationaler Unternehmen und einem
> Machtverlust der demokratischen Nationalstaaten
> verbunden. Diese werden in einen Standort-
> und Steuerwettbewerb getrieben, der im
> Wesentlichen zulasten des Sozialstaates und
> der Erwerbstätigen und zugunsten der hoch
> mobilen Unternehmen und einer kleinen
> Schicht von Superreichen geführt wird.»
> (Sozialdemokratische Partei der Schweiz 2010: 3-4)

Ausgebaute, starke und universell zugängliche
Wohlfahrtssysteme sind ein soziales Gut, welche diese Partei
schätzt. Der Sozialstaat hat in dieser Form der Demokratie die
wichtige Aufgabe, Menschen von der Unberechenbarkeit des
Marktes zu schützen. Als der Sozialdemokratie ideologisch
entgegentretend und als Ursprung dieser negativen,
ökonomischen Globalisierung wird der Neoliberalismus
und die entsprechenden Policies bezeichnet:

«In den letzten Jahrzehnten haben sich unter
dem Einfluss der dominant gewordenen
neoliberalen Ideologie die gesellschaftlichen
Auseinandersetzungen und politischen
Konzepte grundlegend verändert.
Sichtbarster Ausdruck dieser Entwicklung
ist eine Globalisierung, die sich primär als
Öffnung von Märkten versteht – allen voran
für Kapital, Waren und Dienstleistungen,
kaum aber für Arbeit suchende Menschen.»
(Sozialdemokratische Partei der Schweiz 2010: 3).

Der Gegner der Partei wird wiederholt klar
definiert, was der eigenen Sache beziehungsweise
Position Signifikanz verleihen und die Identität als
kapitalkritische Partei veranschaulichen soll.

Nach Lösungen, um den Machtverlust von Nationalstaaten
einzuschränken, wird neben der nationalen auf der
internationalen Ebene gesucht. Dem internationalen Markt
soll also mit internationalem Recht entgegengetreten
werden, weiter soll diese Zusammenarbeit zur angestrebten
Demokratisierung von Gesellschaft und Wirtschaft beitragen:

«Das 21. Jahrhundert kann aber auch ein
Jahrhundert des sozialen, wirtschaftlichen und
ökologischen Fortschritts für den grössten Teil
der Menschheit werden, dann nämlich, wenn es
gelingt, die Globalisierung zu demokratisieren
und politisch anders zu gestalten, sie auf Sozial-
und Umweltverträglichkeit hin auszurichten,
wenn wir es also schaffen, den Kampf gegen
Gewalt und Repression, Hunger, Armut,

Seuchen, Analphabetismus und Naturzerstörung
zur globalen Aufgabe zu machen.»
(Sozialdemokratische Partei der Schweiz 2010: 5)

Diese Demokratisierung wird demnach weltweit angestrebt,
nicht nur in der Schweiz. Die SP sieht sich hier als Vertreter
einer unterdrückten, benachteiligten Mehrheit, in deren
Interesse sie handelt. Gerade die Europäische Union wird
als Partner der Schweiz betrachtet, wobei auch in deren
Strukturen Demokratiemängel festgestellt werden und
somit Demokratisierung im Sinne der SP angestrebt wird:

> «Nur als EU-Mitglied kann sich die Schweiz
> wirksam dafür einsetzen, dass soziale,
> ökologische und demokratische Defizite des
> europäischen Integrationsprozesses beseitigt
> werden und das europäische Friedensprojekt
> voranschreitet.» (Sozialdemokratische
> Partei der Schweiz 2010: 41)

Diese internationale Ausrichtung geht einher
mit der Identität der SP als Erbe des Sozialismus
und dessen internationalen Zielen:

> «Die europäische Integration und die
> Globalisierung der Welt sind transnationale
> Entwicklungen, die dem Charakter der
> Sozialdemokratie strategisch entsprechen.»
> (Sozialdemokratische Partei der Schweiz 2010: 8)

Betont wird aber auch die eigene Identität in
Abgrenzung vom klassischen Sozialismus, welcher als
freiheitsfeindlich und undemokratisch bezeichnet wird:

«1989 brachen jene Diktaturen zusammen, die
sich selbst als ‹realer Sozialismus› bezeichnet
haben, aber furchtbare Verbrechen gegen die
Menschlichkeit begangen und die Demokratie
und Freiheitsrechte mit Füssen getreten
haben. Die Sozialdemokratie verstand sich
stets als Alternative zu diesen Systemen.»
(Sozialdemokratische Partei der Schweiz 2010: 11)

Gemeinsam mit dem ursprünglichen Sozialismus
hat die Sozialdemokratie aber immer noch das
Feindbild des Kapitalismus, welcher gegen individuelle
Freiheit, Gleichheit und Demokratie wirkt:

«Die autoritäre Wirtschaft gefährdet die
politische Demokratie.» (Sozialdemokratische
Partei der Schweiz 2010: 12)

Dieses Bild ist eines der wichtigsten Identitätsstifter für
die SP. Einzig die Sozialdemokratie stellt wirkliche und
legitime Demokratie dar, deren primärer Vertreter ist
kein anderer als die Partei selbst. Gegen den Widerstand
von und Unterdrückung durch Andere wurde ein solches
politisches System von den Sozialdemokraten erkämpft:

«Sie [Die Sozialdemokratie] war es, die in ganz
Europa die Ideen der Französischen Revolution
und der Revolution von 1848 weiterführte.
Demokratiegeschichte ist in Europa von der
Geschichte der Sozialdemokratie nicht zu
trennen. Sie hat Freiheitsrechte und Demokratie
erstritten, das Frauenstimmrecht erkämpft
und sich jeder Diktatur und staatlichen

oder nichtstaatlichen Unterdrückung
widersetzt, gleichgültig ob diese bürgerlich,
faschistisch oder kommunistisch war.»
(Sozialdemokratische Partei der Schweiz 2010: 14).

Teil dieser Geschichte ist die direkte Demokratie, welche
der SP besonders durch die Einführung der Verhältniswahl
des Nationalrats durch eine Volksinitiative 1919 zum
Erfolg verholfen hat. Als soziales Gut wird die direkte
Demokratie gegenüber einer rein repräsentativen als die
bessere Form von Demokratie verteidigt, aber auch hier
droht das Kapital, welches sich laut der der SP durch seine
finanzielle Überlegenheit Vorteile erkaufen kann:

> «Allerdings bedarf auch die direkte Demokratie
> der Demokratisierung, soll sie nicht zu einer
> Domäne des Kapitals und der von ihm gut
> ausgestatteten Organisationen werden.»
> (Sozialdemokratische Partei der Schweiz 2010: 35)

Ebenfalls geschätzt wird die Einschränkung der direkten
Demokratie durch nationales und ebenso internationales
Recht. Hier ist eine klare negative Beziehung zu und eine
Abgrenzung von jenen politischen Akteuren zu sehen,
welche die direkte Demokratie als Mittel von Mehrheiten
sehen, deren Wille mit wenig Einschränkungen umgesetzt
werden soll. Mit Vorschlägen zur Verfeinerung der
direktdemokratischen Mittel konstruiert die SP ihre Identität
als progressive Partei, welche existierende Strukturen
verbessern will und grundsätzlich der Zukunft zugewandt ist:

> «Die direktdemokratischen Instrumente
> müssen verfeinert werden. Es braucht ein

Initiativrecht auf Gesetzesstufe, damit sich
die Verfassung nicht in Einzelheiten verliert.
Es braucht ein konstruktives Referendum,
um Gesetze nicht nur ablehnen, sondern auch
verbessern zu können. Und es braucht eine
neue Form der Volksinitiative, damit das Volk
dem Bundesrat auch in der Aussenpolitik
konkrete Handlungsaufträge erteilen kann.»
(Sozialdemokratische Partei der Schweiz 2010: 36)

In der figured world der SP ist die Demokratisierung aller
Bereiche der Gesellschaft sowie der Wirtschaft das Mass
aller Dinge, dieser Prozess ist gleichzeitig wichtigstes
soziales Gut und als Vision identitätsstiftend für die SP.
Besonders die Demokratisierung der Wirtschaft steckt noch
in den Kinderschuhen und es wird starker Widerstand des
Kapitals erwartet. Universalität und Inklusion werden als
soziale Güter geschätzt und sind in dieser figured world
ebenfalls zentral. Das stark vereinfachte Bild des Kapitals
als Gegner dient dabei sowohl als Ansporn als auch als
Rechtfertigung für die angestrebten Änderungen in der
Schweiz und weltweit. Dieses internationale Element, die
Idee, Teil einer internationalen Schicksalsgemeinschaft
zu sein, ist zentral für die Identität dieser Partei.

Die social language, die in diesem Text gebraucht wird,
erinnert mich stark an die klassische sozialistische,
beziehungsweise marxistische Literatur. Immer wieder
wird der Kampf gegen das internationale Kapital
beschrieben, wird die Solidarität zwischen den Staaten als
Waffe gegen dieses Kapital beschworen. Wurde früher ein
internationales Bündnis der Arbeiterschaft angestrebt,
soll dieses Bündnis heute zwischen den Staaten hergestellt

werden. Die Formulierungen sind relativ intellektuell
gehalten, was ebenfalls in das Bild der klassischen Texte
dieses Weltbildes passt. Die Sprache dieses Dokuments
passt zur Typologie von programmatischen Schriften nach
Kaack (1971) und der von der SP selbst vorgenommenen
Klassifizierung als Grundsatzprogramm. Es wird eine
Vision beschrieben, welche die Partei vereinen und
auf einen gemeinsamen Kurs bringen und weniger zur
Aktivierung oder Überzeugung von Wähler:innen dienen
soll. Leider gibt es keine Bilder oder Symbole, welche als
Teil des discourses nach Gee untersucht werden könnten.

Die SP macht ihre Vision für die Schweiz klar: Sie soll sich
international ausrichten und über einen starken Staatsapparat
verfügen, welcher der internationalen Wirtschaft die
Stirn bieten kann. Demokratie ist nicht durch nationale
Grenzen beschränkt, sondern international, gar weltweit
erstrebenswert. Hier zeigt sich der starke Einfluss der
klassischen sozialistischen Internationalen. Demokratie ist
ein Werkzeug, mit dem die Welt nach dem Bild der SP geformt
werden kann. Das umfasst besonders ein politisches System
mit Partizipation von möglichst vielen unterschiedlichen
Menschen, in dem Benachteiligungen jeglicher Art möglichst
eliminiert werden sollen. Demokratie geht aber über die
reine Politik hinaus und tangiert die Wirtschaft, und zwar
nicht mit reinen Policies, welche den Markt regulieren.
Auch dort soll ein möglichst faires System nach dem Ideal
der SP erschaffen werden. Andere Konzeptionen von
Demokratie werden nicht als solche wahrgenommen,
wirklich demokratisch ist nur die eigene Vision.

Vergleich der Programme

Kommen wir nun zum Vergleich dieser beiden Verständnisse
von Demokratie im Kontext der Schweizer Politik. Besonders
ins Auge gestochen sind mir die unterschiedliche Bewertung
des internationalen Rechts für die Schweiz. Während dieses
durch die SP klar als demokratisch und für die Schweiz
als Richtlinie relevant aufgefasst wird, so sieht die SVP
darin eine Bedrohung der nationalen Souveränität. Stärker
könnte der Gegensatz wohl kaum sein. Auch der Umgang
mit der fortschreitenden Globalisierung als internationales
Phänomen ist gegenteilig. Zwar sehen beide Parteien einen
Souveränitätsverlust der Schweiz durch die Globalisierung,
während die SVP aber die Schweiz von internationalen
Organisationen losgelöst und maximal unabhängig sehen
will, sieht die SP eine Kompensation dieses Verlustes an
Souveränität nur durch den Beitritt zu internationalen
Organisationen, insbesondere der EU. Hier spielen auch
die historischen Bilder der Schweiz eine Rolle. Die SVP
bezeichnet die Schweiz und ihr politisches System als
Resultat eines langen Prozesses und als Sonderfall in
der Welt, während die SP die wechselseitigen Einflüsse
internationaler Akteure als wichtig für die Entwicklung
der Schweiz sieht. So wird bereits historisch der Stand
der Schweiz gegenüber anderen Nationen hergeleitet.

Bei der Bewertung der direkten Demokratie sind die
Unterschiede weniger stark, aber doch vorhanden. Beide
Parteien sehen direktdemokratische Prozesse als essentiellen
und wichtigen Teil der Schweiz. Während die SVP aber
die direkte Demokratie als Werkzeug des Volkes und
primäre Quelle von politischer Legitimität sieht, will die
SP dieses Werkzeug einschränken. Direktdemokratische
Entscheidungen sollen nicht nur gegenüber nationalem,

sondern auch internationalem Recht bestehen können.
Ebenfalls will die SP dieses System dahingehend verändern,
dass mehr finanzielle Transparenz in der Politik herrscht
und die Verbindungen unterschiedlicher Akteure so besser
sichtbar werden (Sozialdemokratische Partei der Schweiz
2010: 35-36). Die SVP hingegen sieht in allen Reformen
die Beschneidung des Volkswillens durch politische
und bürokratische Eliten und damit demokratische
Legitimitätseinbussen sowie ein weniger effiziente politische
Prozesse. Grösser sind die Unterschiede bei der Frage, wer
denn nun konkret partizipieren darf. Für die SVP ist die
Teilnahme mit gewissen Eigenschaften verknüpft und nicht
selbstverständlich, sondern ein Privileg, welches einigen
Menschen zusteht und anderen nicht. Das Verständnis
von Demokratie nach ihrer Definition ist mit Werten
verbunden, welche durch Sozialisation und Vererbung
weitergegeben werden, also nicht unabhängig von Herkunft,
sozioökonomischen Merkmalen und dergleichen erlangt
werden können. Für SP hingegen befähigt eine solide,
universelle Grundbildung dazu, seine Möglichkeiten in
Gänze wahrzunehmen und so auch demokratische Mittel
einzusetzen. Demokratie ist darüber hinaus nur dann
gesichert, wenn möglichst alle Menschen einer Gemeinschaft
an diesem System teilhaben und ihre Stimme einbringen
können. Die Teilnahme von möglichst vielen Gruppen verleiht
deren Entscheidungen folglich zusätzliche Legitimität.

In den social languages sind ebenfalls starke Unterschiede zu
erkennen, das Programm der SVP ist vergleichsweise einfach
geschrieben, während die SP einen recht intellektuellen
Ton anschlägt. Die Vorschläge der SVP für Policies sind sehr
konkret und werden jeweils noch gesondert am Ende eines
Abschnitts zusammengefasst, während die SP ihre Ideen eher

als Fliesstext präsentiert. Das ist sicher auch der Natur des SP-Dokuments als Vision ihrer Politik geschuldet, macht es aber doch weniger zugänglich. Das unterstreicht die Einteilung in Wahl- und Grundsatzprogramme und zeigt, dass diese Einteilungen in der Schweiz angewandt werden können, auch wenn die Quellen für die Forschung weniger ausführlich sind.

Fazit

Meine Forschungsfrage für dieses Kapitel lautete folgendermassen: *Wie unterscheiden sich der Gebrauch und die Bedeutung des Wortes «Demokratie» im Kontext der Sozialdemokratischen Partei der Schweiz und im Kontext der Schweizerischen Volkspartei?* Diese Frage konnte ich im Rahmen dieser Arbeit beantworten und die Kontextabhängigkeit von Demokratie anhand zweier Parteien aufzeigen. Unterschiede konnten insbesondere in Bezug auf internationales Recht, die Beziehung der Schweiz dazu und bei der Bewertung direktdemokratischer Mittel festgestellt werden. Beide Parteien benutzen ihre Konzeption von Demokratie, um daraus ihre spezifische Identität abzuleiten und ihren Ideen Signifikanz zu verleihen. Dabei sind die Beziehungen zu internationalen Akteuren und Normen höchst relevant. Mit den jeweiligen demokratischen Idealen geht ebenso die Definition von sozialen Gütern einher. In beiden Parteiprogrammen ist die Interdependenz von Text und Kontext sehr gut zu sehen. Der Kontext der zwei Parteien, zweier discourse communities, beeinflusst die Nachricht und die Bedeutung des Textes für die Sender, als auch für die Empfänger. Demokratie als Regierungsform wird mit anderen Werten, Idealen und Visionen versehen.

Kommen wir zu einigen weiteren Fragen, welche mit diesen
Programmen untersucht werden könnten. Die Intertextualität
wurde bei der SP in Form der social languages, welche
klassischen sozialistischen Texten ähneln, zwar kurz
angesprochen, es wäre aber interessant, dieses Erbe in den
Formulierungen der SP genauer zu untersuchen, besonders
weil so die Begriffsgeschichte der Demokratie und damit die
Entwicklung des Konzeptes der Demokratisierung im Sinne
der SP genauer nachvollzogen werden könnte. Auch die SVP
hat eine spezifische social language in ihrem Parteiprogramm,
welche intertextuell untersucht werden könnte. In Bezug
auf die figured worlds dieser beiden Parteien wäre eine
Analyse im Zusammenhang mit *motivated reasoning*, also der
Idee, dass der Mensch Informationen verzerrt interpretiert,
je nach seinen Einstellungen, interessant (Kunda 1990).
Diese Idee diskursanalytisch zu untersuchen wäre gerade
aufgrund der schwierigen Messung von motivated reasoning
sinnvoll, zumal dieses Konzept ein starkes qualitatives
Element aufweist. Ebenfalls würden sich Untersuchungen
zur Bedeutung von Demokratie im Kontext von politischen
Parteien mit anderen Textkorpussen lohnen, beispielsweise
mit Aussagen von individuellen Parteiangehörigen
während Wahl- oder Abstimmungskämpfen. Ich
hoffe, mit dieser Arbeit einen Grundstein für solche
weiterführenden Projekte gelegt zu haben.

Referenzen

Anan, Deniz (2016): *Parteiprogramme im Wandel: Ein Vergleich von FDP und Grünen zwischen 1971 und 2013*. Wiesbaden: Springer VS.

Benoit, Kenneth (2006): Duverger's law and the study of electoral systems. *French Politics* 4(1), 69-83.

Bochsler, Daniel, Hänggli, Regula and Häusermann, Silja (2015): Introduction: Consensus Lost? Disenchanted Democracy in Switzerland. *Swiss Political Science Review* 21(4), 475-490.

Bornschier, Simon (2015): The New Cultural Conflict, Polarization, and Representation in the Swiss Party System, 1975-2011. *Swiss Political Science Review* 21(4), 680-701.

Chilton, Paul (2004): *Analysing Political Discourse*. London: Routledge.

Elliker, Florian (2011): *Demokratie in Grenzen*. Wiesbaden: Springer.

Ewert Christian und Repetti, Marion (2019): Democratic Theory as Social Codification. *Democratic Theory* 6(2), 58–69.

Gee, James Paul (2011): *An Introduction to Discourse Analysis*. New York: Routledge.

Germann, Raimund (1995): *Die Kantonsverwaltungen im Vergleich*. Bern: Haupt.

Geser, Hans, Farago, Peter, Fluder, Robert und Gräub, Ernst (1987): *Gemeindepolitik zwischen Milizorganisation und Berufsverwaltung: vergleichende Untersuchungen in 223 deutschschweizer Gemeinden.* Bern, Haupt.

Held, Patrick (2006): *Models of Democracy. Third Edition.* Cambridge: Polity Press.

Ickes, Andreas (2008): *Parteiprogramme: sprachliche Gestalt und Textgebrauch.* Marburg: Büchner-Verlag.

Jakobson, Roman (1990): *On Language.* Cambridge: Harvard University Press.

Kaack, Heino (1971): *Geschichte und Struktur des deutschen Parteiensystems.* Opladen: Westdeutscher Verlag.

Kunda, Ziva (1990): The Case for Motivated Reasoning. *Psychological Bulletin* 108(3), 480-498.

Milic, Thomas, Rousselot, Bianca und Vatter, Adrian (2014): *Handbuch der Abstimmungsforschung.* Zürich: Verlag Neue Zürcher Zeitung.

Miller Center (2022): November 19, 1863: Gettysburg Address. (https://millercenter.org/the-presidency/presidential-speeches/november-19-1863-gettysburg-address [26.06.2022])

Paltridge, Brian (2012): *Discourse Analysis.* London: Bloomsbury.

Schmidt, Manfred G. (2000): *Demokratietheorien.* Opladen: Leske + Budrich.

Schweizerische Volkspartei (2019): Parteiprogramm
2019 bis 2023.(https://www.svp.ch/wp-content/uploads/
Parteiprogramm_DE_19_23_190402.pdf [08.04.2022]).

Sozialdemokratische Partei der Schweiz (2010): SP-
Parteiprogramm von 2010. (https://www.sp-ps.ch/de/partei/
wir-sind-die-sp/unser-programm [08.04.2022]).

(2)

«Als Kleinstaat sind wir hierzu nicht geeignet» – Eine Analyse von Ratsdebatten und die darin verwendete Rhetorik der Kleinheit

Andri Rizzi

Einleitung

Politiker:innen setzen Sprache bewusst ein, um Sachverhalte hervorzuheben und zu kontextualisieren und verleihen so verwendeten Argumenten mehr Bedeutung. Daraus folgt, dass ein Hauptteil von politischen Prozessen in Diskursen verankert ist. Dieses Kapitel soll den bewussten Einsatz von Sprache, um das eigene Argument wirkmächtiger zu machen, untersuchen. Das Argument der Kleinheit der Schweiz steht dabei im Zentrum der Analyse. Sie wird immer wieder als Erklärungsursache für verschiedene Vorschläge genutzt und von diversen Akteur:innen unterschiedlich konstruiert. So führte beispielsweise Nationalrat Beat Rieder (2020) während der Parlamentsdiskussion über die Konzernverantwortungsinitiative aus, dass «die Anwendung von schweizerischem Recht, von Schweizer Umwelt- und Menschenrechtsstandards auf ausländische Staaten nicht der Tradition und Kultur der Schweiz entspricht. Als Kleinstaat sind wir hierzu nicht geeignet und würden uns mit grösster Wahrscheinlichkeit negativ exponieren». Er führte somit die Grösse des Landes als Grund an, etwas nicht zu tun. Wie solche Argumente konstruiert und genutzt werden, wird dieses Kapitel überprüfen. Obwohl das Konzept der Kleinheit in viele Debatten aufgegriffen wird, findet sich beinahe keine Auswertung darüber in der Literatur über Schweizer Politik. Dies ist wohl darauf zurückzuführen,

dass andere Konzepte – Neutralität, Milizsystem etc. –
oftmals wichtiger sind als die Grösse des Landes. Auch in
einem internationalen Kontext wird in Kleinstaaten dieser
Umstand selten thematisiert und es sind nur vereinzelte
Auswertungen zu finden (Browning 2006, Lee & Smith
2010). Diese Forschungslücke soll das Kapitel angehen.

Das Buchkapitel geht dementsprechend der Forschungsfrage
nach, inwiefern die Grösse der Schweiz als Argument
in Parlamentsdebatten herangezogen wird. Ziel ist es
Unterschiede und Gemeinsamkeiten in der Verwendung des
Konzepts der «Kleinheit» eines Staates herauszuarbeiten.
Diese wird dabei nicht als geographische Einheit verstanden,
sondern als Wahrnehmung und Charakterisierung eines
Kleinstaates in unterschiedlichen Kategorien, wie zum
Beispiel die wirtschaftliche Leistungsfähigkeit. Es ist für
die Schweiz kein einfacher Schritt ökonomisch erfolgreich
zu sein und sich dennoch als unbedeutend anzupreisen,
respektive sich aufgrund der Neutralität aus vielen
Diskursen herauszuhalten. Das Kapitel wird aufzeigen,
wie diese Rhetorik in der Wirtschafts-, Sicherheits- und
Klimapolitik verwendet wird. Dabei wird das Phänomen
der *empty signifier* genutzt (Laclau 2016). Entsprechend
dieses Ansatzes wird überprüft, ob der Begriff Kleinheit
unbesetzt ist und somit von allen Akteur:innen beliebig
benutzt werden kann. Solche Begriffe sind selten und bieten
im politischen Diskurs eine Möglichkeit Debatten inhaltlich
aufzuladen, ohne stichfeste Argumente zu verwenden.

Im ersten Teil des Kapitels sollen wichtige Konzepte vorgestellt
werden. Zentral für diesen Kontext ist, wie die Schweiz
als Nation wahrgenommen wird. Dies ist wichtig, da ohne
das Verständnis für das eigene Selbstbild, die Kleinheit

nicht stringent als Argument verwendet werden kann.
Danach folgt ein kurzer Methodenabschnitt, welcher die
angewendete Vorgehensweise erklärt. Sie wird benutzt um
anschliessend drei Vorlagen zu analysieren. Die Erkenntnisse
werden im letzten Abschnitt zusammengeführt.

Schweiz als Nation

Wird in politischen Debatten in der Schweiz über das
Land an sich gesprochen, fällt schnell der Begriff Nation.
Dabei ist dieses Konstrukt loszulösen von den juristischen
Gegebenheiten, welche einen Staat ausmachen. Eine Nation
ist ein schwierig fassbares Konzept, in welches jeder Mensch
etwas anderes hineininterpretiert. Für diesen Text wird als
Definition die vorgestellte politischen Gemeinschaft verwendet
(Anderson 1983). Es wird davon ausgegangen, dass zwischen
Mitgliedern der vorgestellten Nation in der Regel keinerlei
direkte Verbindung besteht. Weder werden sie sich im Verlauf
ihrer Lebenszeit begegnen noch miteinander in Kontakt
treten. Die Gemeinschaft als Nation besteht lediglich in ihren
Köpfen und kann auf unterschiedlichen Vorstellungen und
Wertesystemen basieren. Die imaginierten Gemeinsamkeiten
können also nie überprüft werden und bleiben vage.

Die Schweiz sieht sich im Kreis der Nationen gerne als
Sonderfall. Diese Wahrnehmung ist in jeder politischen
Couleur zu finden und unabhängig von den jeweiligen
Überzeugungen, da sie sich stets neu konfigurieren
lässt. Die genutzten Sonderfallerzählungen können sich
grundsätzlich widersprechen und dennoch zum selben Ziel
führen (Tanner 2015). So wird die Erzählung genutzt, um das
«Geschäftsmodells des Finanzplatzes und die Promotion des
Fremdenverkehrs [...] die Abwehr von Gefahren von aussen

oder den Aufbau von imaginären Bedrohungskomplexen im Innern» zu erklären (Tanner 2015: 17). In jüngerer Vergangenheit wurde die Schweiz stets als Vorbild einer Willensnation bezeichnet. Die Schweizer Identität baue sich um geteilte Werte rund um Direkte Demokratie, Neutralität und Föderalismus auf. Dies wäre erstaunlich, da die Schweiz sich in einigen relevanten Eckpunkte als sehr heterogen auszeichnet. Der auffälligste Punkt ist die Vielsprachigkeit. Habermas (1998) nimmt jedoch genau diesen Umstand auf, wenn er argumentiert, dass eine Identität auch über politische Gegebenheiten etabliert werden kann, die länderspezifisch interpretiert werden. Die einzelnen Sprachgruppen nehmen sich nicht als jeweils eigene Nationen wahr. Vielmehr ist die Identifikation mit dem Staat als Ganzes wesentlich stärker als mit den einzelnen Regionen (Stojanovic 2003). Dennoch kann die Schweiz nicht als rein politische Nation beschrieben werden, wie Eugster und Strijbis (2011) aufzeigten. Obwohl Kernelemente wie die Direkte Demokratie und Föderalismus wichtig sind, werden kulturelle Aspekte von der Bevölkerung nicht vernachlässigt. Die Eigenheit der Landesteile wird hochgehalten und bewusst zelebriert.

Die Wahrnehmung der Schweiz als Nation zu kennen, ist für den Kontext dieses Textswichtig, da sie das Bild der Schweiz aufgreifen soll, welches gezeichnet wird, wenn in der Politik das Verhältnis nach aussen erwähnt wird. Es fällt auf, dass im Diskurs um die Schweiz als Nation, aus inländischer Perspektive, eher relevant ist, welche Elemente verbindend auftreten. Wie sich die Schweiz allerdings nach aussen hin verhält und von aussen her wahrgenommen wird, wobei die Neutralität als Ausnahme auftritt, ist für den Aufbau einer Empfindung als Nation nicht relevant. Im nachfolgenden

Abschnitt wird daher, vor dem Hintergrund der Schweiz als Nation, erörtert, wie das Land gegen aussen positioniert wird.

Aussenpolitik

Grundsätzlich wird in der Aussenpolitik der Schweiz ebenfalls stark auf die Souveränität und Neutralität gepocht. Ersteres erstaunt wenig, da dies Kernelement eines Staates ist. Die Schweiz war gegenüber internationalen Organisationen jedoch stets sehr zurückhaltend und trat im europäischen Vergleich erst spät, nämlich 2002, der UNO bei. Gegenüber der EU hält sich eine starke Befangenheit unter dem politischen Establishment aber auch der Bevölkerung. So intensiviert die Schweiz nur unter hohem Druck ihre internationale Zusammenarbeit, welche die Souveränität in irgendeiner Art und Weise einschränken könnte (Gabriel 2003). Die Neutralität wird im Ausland, aber auch im Inland, stets stark in den Vordergrund gerückt. Sie wird als positive Eigenschaft des Landes protegiert, da man sich dank ihr als Vermittlerin einbringen könne. Daraus erhofft man sich auch ein positives Image abzuleiten (Trachsler 2012). Neben diesen beiden wichtigen Themen der Wahrnehmung und Positionierung, fällt aber auch auf, dass die Kleinheit des Landes immer wieder aufgegriffen wird. So auch in der offiziellen aussenpolitischen Vision 2028. Darin heisst es, dass die Schweiz als kleines Land besonders auf eine stabile Ordnung angewiesen sei (Eidgenössisches Departement für auswärtige Angelegenheiten 2019). Denn nur so sei es möglich, den Wohlstand und die Sicherheit für die Nation zu gewährleisten. Darüber hinaus sei es wichtig, dass die Regeln für alle gelten, so dass ein kleiner Staat wie die Schweiz auf die Gleichbehandlung vertrauen kann. Die Kleinheit wird also angesprochen, jedoch in ambivalenter Art und Weise. Man

scheint versucht, den Umstand der Kleinheit möglichst in
den Hintergrund zu rücken und stets auf die eigenen Stärken
zu verweisen. Oft wird auf dann die eigene wirtschaftliche
Leistungs- und Innovationskraft aufmerksam gemacht.

Kleinheit in der Diskursanalyse

In beinahe jeder politischen Debatte in der Schweiz kann
die Kleinheit des Landes auf irgendeine Art und Weise
auftreten. Dabei scheint das Politikfeld zweitranging und
relevant ist eher das Argumentationsschema, welches
verwendet werden soll. Der Begriff selbst wirkt dabei so, als
entfalte er keine Bedeutung, da er beliebig besetzt werden
kann. Dieses Phänomen wurde von Ernesto Laclau (2016)
als *empty signifier* bezeichnet. Diesem *signifier* fehle es völlig
an ideologischer Substanz, welche dann fallabhängig in
diesen hineinprojiziert werden kann. Entsprechend dienen
empty signifier als Tummelbecken für unterschiedliche,
sich allenfalls sogar widersprechende Konzepte. Das
Symbol, im Kontext dieses Kapitelsalso die Kleinheit der
Schweiz, befände sich in einen Zustand der Ambiguität. Eine
abgeschwächte Form dieses Konzepts ist der *floating signifier*.
Auch solche Begriffe sind nicht klar einer Interpretation
zu zuordnen, doch verfügen eindeutig über die Fähigkeit
mehrere Bedeutungen zu absorbieren (Buchanan 2016).

Das Kapitel überprüft, ob die Kleinheit einem der beiden
Konzepte zugeteilt werden kann. In der Diskursanalyse
wurde die Verwendung dieses Begriffs bereits in anderen
Kontexten aufgearbeitet. So wurde die Verwendung der Grösse
Finnlands in dessen Innenpolitik stets weiterentwickelt
und in neuerer Zeit mit Innovationskraft gleichgesetzt
(Browning 2006). Die eigene vermeidliche Kleinheit würde

positiv besetzt und nicht mehr als Schwäche gesehen.
Auch auf einer komparativen Ebene wurde das Thema
bereits aufgegriffen (Lee & Smith 2010). Für die Schweiz
konnte allerdings keine Auswertung gefunden werden,
die sich explizit mit der rhetorischen Figur der Kleinheit
auf der Ebene der Diskursanalyse auseinandergesetzt
hat. Dies erhöht die Relevanz der folgenden Auswertung,
da eine Forschungslücke angegangen wird.

Methode und Daten

Das vorliegende Kapitel wird zur Analyse der Dokumente, auf
welche später eingegangen wird, den Ansatz der kritischen
Diskursanalyse anwenden. Die Auswertung baut auf den
dargelegten Konzepten des Begriffs der Nation auf, die als
vorgestellte politischen Gemeinschaft verstanden wird.
Diese Wahrnehmung ist wichtig, da das Kapitel aufzeigen
möchte, wie die Schweiz durch Politiker:innen in Diskursen,
bei welchen die Stellung des Landes in der Welt aufgegriffen
oder gestreift wird, dargestellt wird. Ein besonderer
Fokus liegt auf der Kleinheit des Landes, welche oftmals
als Stilmittel genutzt wird. Es soll die Forschungsfrage
überprüft werden, inwiefern solche in den Voten von
Politiker:innen bei Fragen der Innenpolitik relevant sind
und entsprechend benutzt werden. Und ob die Kleinheit im
Diskurs eher als *empty signifier* oder *floating signifier* auftritt.

Die linguistische Wende machte auch vor der
Politikwissenschaft nicht halt. Da es sich bei Politik um
einen Gesellschaftsbereich handelt, welcher stark diskursiv
geprägt ist, war diese Entwicklung wenig überraschend.
So wurden sprachliche Vermittlungsformen öfters in das
Zentrum von Analysen gesetzt. Dies erscheint sinnvoll, da

Verhandlungen über Einfluss, politische Kooperationen, Macht und Opposition verschiedene sprachliche Elemente benötigen, um existieren zu können (Dunmire 2012). Sprache überliefert nicht nur Informationen, sondern nimmt weitere Aufgaben wahr. Gee (2011) zeigt dies klar auf, indem er festhält, dass Sprachgebrauch immer auch mit Taten und Wesenszügen verbunden ist. In unterschiedlichen Kontexten und auch in unterschiedlichen sozialen Situationen nehmen wir die Information, welche durch ein Gespräch oder anderen Kommunikationsarten übermittelt wird, anders wahr.

Um diese Aspekte der Sprache zu Visibilität zu verhelfen, wird eine kritische Diskursanalyse vorgenommen. In Parlamentsdebatten, welche oftmals spezifisches Vorwissen erfordern und in welchen Argumente verwendet werden, um das eigene Anliegen voranzutreiben, sind solche verborgene Elemente besonders von Interesse. Diskurse sind immer sozial, politisch und ökonomisch aufgeladen, wie Rogers (2004) ausführte. Eine Analyse ist also nur möglich, wenn diese Aspekte berücksichtigt werden. Das Kapitel wendet die von Paltridge (2012) dargelegt Vorgehensweise für eine kritische Diskursanalyse an, und ergänzt sie mit den sieben *buildings tasks* von Gee (2011), wobei für die gewählte Forschungsfrage insbesondere das Konzept der *Connections* relevant ist, siehe unten. In der Auswertung der Redebeiträge soll ausserdem verstärkt auf *Framing* geachtet werden. Es bezeichnet die Art, wie im Kontext eines Kommunikationsaktes – hier: Parlamentsreden - Sprache präsentiert wird und welche Perspektive von der Redner:in eingenommen wird (Gee 2011). Ein Beispiel für *Framing* in der Schweiz ist der Diskurs rund um die Europäische Union. Ein Beitritt wird von beinahe allen relevanten politischen Kräften abgelehnt. Kritik wird jedoch unterschiedlich hervorgebracht. So betonen die

Gewerkschaften, welche sich für einen starken Sozialstaat
einsetzen, stets, dass die EU ein neoliberales Projekt sei,
welches den Lohnschutz untergrabe. Konservative Kräfte
nutzen dieses Argument seltener und pochen stark auf den
Nationalstaat. Man dürfe die Fähigkeit eigene Gesetze zu
erlassen nicht fahrlässig aus der Hand geben. (Helbling
et al. 2010) Beide Interessensgruppen bemängeln im Kern
dasselbe: Die Schweiz solle nicht Bestimmungen einer
anderen Institution übernehmen. Sie nutzen dafür aber
jeweils einen eigenen *Frame,* welcher ein Thema in den
Mittelpunkt rückt, der ihre Interessensgruppen mobilisiert.
Ebenso wichtig ist die *Topicalization*: Die Syntax eines Satzes
wird bewusst verändert, um für die Redner:innen wichtige
Punkte prominent zu platzieren und dadurch hervorzuheben
(Gee 2011). Dies ist an einem Beitrag aus der Debatte rund
um die Kozernverantwortungsinitiative gut zu sehen.

> «Allen, die jetzt einwenden, dass der Kläger,
> wenn er verliert, die Kosten übernehmen
> muss, denen muss ich antworten, dass auch
> Ausländer mit Wohnsitz im Ausland das Recht
> haben, in der Schweiz unentgeltlich zu klagen,
> wenn sie über keine Mittel verfügen. Viele der
> Klagen, die wir heute durch den Gegenvorschlag
> ermöglichen würden, würden so auf Kosten
> der Schweizer Steuerzahler durchgeführt.
> Der Gegenvorschlag ist also eine Einladung
> unserer Hilfswerke an die ganze Welt, [...] in
> unserem Land gratis zu klagen.» (Noser 2019:6)

Der Kostenfaktor, welcher ein Nachteil für die Schweiz wäre,
wird wiederholt betont und bewusst nicht kontextualisiert.
Darüber hinaus werden negativ konnotierte Wörter wie «gratis

zu klagen» prominent im Beitrag platziert. So werden mögliche
Mehrkosten, auf welche Schweizer:innen normalerweise
mit Vorsicht reagieren, mit viel Bedeutung aufgeladen
und dadurch denkbare Vorteile der Vorlage überdeckt.

Die *building tasks* verwendet Gee (2011) als eine Analogie zum
Hausbau. So verdeutlicht er, dass auch mit Sprache etwas
«gebaut» werden kann. Sie ist in der Lage Relevanz über die
reine Wortbedeutung hinaus zu verleihen. In jedem Sprechakt,
den ein Mensch tätigt, werden diese sieben *buildings task*
konstruiert. An diese Stelle wird aber nur auf den sechsten
eingegangen: die Verbindungen (*Connections*). Wir verwenden
Sprache, um Dinge miteinander zu koppeln, welche nicht
zwingend zueinander gehören. In der Politik wird diese
rhetorische Figur oftmals verwendet, um einen Aspekt mit
etwas positiv, oder auch negativ, Konnotierten zu verbinden.
So werden in der Schweiz beispielsweise Integrationsprobleme
oftmals mit Menschen in Verbindung gebracht, welche aus
Ländern stammen, die muslimisch geprägt sind. Durch
die wiederholte Erwähnung von solchen Menschen im
politischen Diskurs, ergab sich, dass einige Bürger:innen
der Schweiz nun diese beiden Elemente, welche auf den
ersten Blick nichts miteinander zu tun haben, verbinden
(Cheng, 2015). Diese bewusste Heranführung einer solchen
Verbindung ist eine verbreitete Strategie im politischen
Diskurs. Um solche erkennen zu können, ist ein Werkzeug
nötig. Gee (2017) bezeichnet es als *Conversations*. Dieses setzt
ein Wissen über gängige politische Debatten in einem Land,
oder einer anderen Einheit, voraus, um diese auswerten zu
können. Nur so können von sich konkurrierenden Meinungen
Stilmittel erkennt und analysiert werden. Durch den Fokus
auf die Verwendung solcher und weiteren Mechanismen,

kann eine durch Ideologie gefärbte Argumentation
aufgedeckt und interpretiert werden (van Dijk 2006).

Fallauswahl

Das Kapitel wird sich mit Parlamentsdebatten rund um
drei Politikfelder auseinandersetzen. Dabei handelt es sich
um die Verhandlungen über den Bundesbeschluss über
die Beschaffung neuer Kampfflugzeuge, das Bundesgesetz
über die Verminderung von Treibhausgasemissionen (CO2-
Gesetz) und die Volksinitiative «Für verantwortungsvolle
Unternehmen – zum Schutz von Mensch und Umwelt». Es
wurden Geschäfte ausgewählt, die ausführlich in beiden
Kammern besprochen wurden. Darüber hinaus gab es zu
allen drei Vorlagen eine Volksabstimmung. Die Vorlagen
erhalten dadurch eine ausreichende Relevanz, um analysiert
zu werden. Eine weitere Stärke der Fallauswahl ist die zeitliche
Nähe, welche die drei Vorlagen ausweisen. Durch diese wird
gewährleistet, dass sich die Deutung des Konzepts Kleinheit
nicht durch gesellschaftliche Prozesse wandelte und deren
Nutzung aufgrund desselben Zeitgeistes vorgenommen
wurde. So wird eine Vergleichbarkeit geschaffen.

Die Schweiz und Kampfjets

Abstimmungen über Militärflugzeuge sind in der Schweiz
keine Neuheit. 2014 lehnte das Volk die Beschaffung des
schwedischen Kampfjets Gripen ab. Dieses Ergebnis wurde
als Niederlage für das Eidgenössisches Departement für
Verteidigung, Bevölkerungsschutz und Sport gewertet. Vier
Jahre später legte der Bundesrat einen Planungsbeschluss dem
Parlament vor, welcher durch ein fakultatives Referendum vor
dem Volk landete. Auffallend war, dass dieser Beschluss die

Typ-Frage nicht regelte, sondern lediglich die Finanzierung.
Mit einem Ja-Stimmenanteil von 50.13% wurde die Vorlage
hauchdünn angenommen. Der Urnengang fand am 27.
September 2020 statt. Das Ja-Lager argumentierte vor allem
dafür, dass eine moderne Luftwaffe wichtig sei, wenn die
Schweizer Armee wehrfähig bleiben soll. Die Gegenseite
hingegen war der Meinung, dass Kampfjets für die Schweiz
überdimensioniert seien, da die Luftraumüberwachung
auch mit anderen Geräten wahrgenommen werden könne
und dass bereits die Ablehnung des Gripens die Position
der Bevölkerung ausreichend festhielt (Strasser 2020).

Die Konzernverantwortungsinitiative

Die Initiative «Für verantwortungsvolle Unternehmen – zum
Schutz von Mensch und Umwelt» wurde im Jahr 2016 durch
verschiedene Umwelt und Menschenrechtsorganisationen
lanciert. Sie wollte Unternehmen aus der Schweiz,
welche im Ausland tätig sind, für Gesetzesverstösse
besser (beziehungsweise überhaupt) haftbar machen.
Dies sollte vor allem in den Bereichen Umweltschutz und
Menschenrechtsverstösse geschehen. Der Bundesrat
lehnte die Forderung der Initiative ab und die beiden
Parlamentskammern erarbeiteten einen Gegenvorschlag
(Strasser 2022). Die Abstimmung fand am 29. November
2020 statt und wurde mit 50.7% zwar angenommen,
scheiterte jedoch am Mehr der Stände. Die Debatte vor
der Abstimmung wurde von beiden Seiten intensiv
geführt. Sie zählt als einer der umfangreichsten
Auseinandersetzungen vor einem Urnengang in der Schweiz.

Das CO2-Gesetz

Auch die Schweiz beschloss Massnahmen, um gegen die sich
immer mehr verschärfende Konzentration von Treibhausgas
in der Erdatmosphäre entgegenzuwirken. Solche Bemühungen
seien nötig, um die Ziele des Pariser Klimaabkommens
erreichen zu können. Im Jahr 2017 wollte der Bundesrat
daher das bestehende CO2-Gesetz revidieren, um den
eingegangenen Verpflichtungen nachkommen zu können.
Die Massnahmen waren stark auf Verbesserungen im Inland
fokussiert und sollten in den Sektoren Gebäude, Industrie
und Verkehr zu Fortschritten führen (Flückiger 2021). Der
Nationalrat wollte zuerst nicht auf die Revision eingehen,
tat dies aber doch, nachdem die Vorlage einmal durch den
Ständerat gegangen war. So wurde ein Gesetz verabschiedet,
gegen welches das Referendum ergriffen wurde. Für dieses
votierten vor allem grosse Wirtschaftsverbände und die SVP.
Das Gesetz wurde am 13. Juni 2021 mit 51.6% Nein-Stimmen
abgelehnt. Die Frage nach Mehrkosten für Bewohner:innen
der Schweiz dominierte den Abstimmungskampf.

Die kleine Schweiz im Innern

In allen drei Ratsdebatten zu den Vorlagen wurden
innenpolitische Aspekte, wenig überraschend,
angesprochen. Dabei gab es zwei Rubriken,
welche sich sehr schnell herauskristallisierten im
Zusammenhang mit Kleinheit: Fragen nach der
Souveränität und die Leistungsfähigkeit des Landes.

Beim ersteren ist eine Abgrenzung zur Aussenpolitik teils
unklar und die Übergänge sind verwoben. An dieser Stelle
werden jedoch Redebeiträge hervorgehoben, welche die
Ressourcen betonen, die das Land aufbringen muss, um

die Souveränität aus einer innenpolitischen Perspektive gewährleisten zu können. Dabei geht es auch darum, diese Bemühungen und Investitionen der Bevölkerung glaubhaft verkaufen zu können. So wurde in der Debatte um die Finanzierung eines neuen Kampfjets oftmals darüber gestritten, ob die Schweiz überhaupt eine leistungsfähige Luftwaffe benötigt oder ob es ausreichen würde, wenn lediglich luftpolizeiliche Aufgaben wahrgenommen werden können. Dieser Streitpunkt liess sich vor allem an einer Anekdote festmachen: Vor dem Geschäft wurde bekannt, dass die Luftwaffe lediglich zu Bürozeiten aktiv war (Tagesanzeiger 2014). Allerdings wurde nach einem Zwischenfall wieder der Ganztagesbetrieb etabliert. Nichtsdestotrotz wurde mit Verweis auf diesen Skandal von der Gegnerschaft nun stets argumentiert, dass die Schweiz zu klein sei, um eine eigene Luftwaffe zu betreiben, ergo eine solche nicht benötige. Dies sahen die Befürworter:innen der Vorlage anders: «In bewaffneten Konflikten werden Kampfflugzeuge benötigt, um den Luftraum zu verteidigen und damit die Bevölkerung, kritische Infrastrukturen, Truppen und militärische Objekte in der Schweiz zu schützen, Aufklärungsflüge durchzuführen sowie Bodenziele des Gegners zu bekämpfen.», führte der Urner FDPler Josef Dittli (2019) im Ständerat aus und unterstrich damit die Notwendigkeit solches Gerät zu besitzen, da nur so die Schweiz beschützt werden könne. Dies sei auch für ein kleines Land eine Notwendigkeit und müsse geleistet werden können. Die Schweiz wird als schützenswertes Gut dargestellt. Die Nation im erweiterten Sinne könne also nur bestehen bleiben, wenn die Armee entsprechend aufrüste. Er verbindet (*Connection*) geschickt die Souveränität des Landes mit einer starken Armee. Es wird eine Gefahr für das Land impliziert, welche konkret aber nicht angesprochen wird. Eine Verbindung zwischen der Souveränität eines

Staates und dessen Luftverteidigung wird etabliert. Diese
zu gewährleisten sei ein wichtiges innenpolitisches Ziel.

Das Gewicht dieser Argumentation wird klar, wenn man
sich vor Augen führt, dass in der Schweiz oft über die
Beziehung zum Ausland diskutiert wird. Dies wird in
der Innenpolitik regelmässig als Argument verwendet,
um Fähigkeiten anzueignen oder Organisationen nicht
beizutreten. Die Unterstützer:innen der Vorlage verfügen
über dieses Wissen der Schweizer Politik und wenden
Conversations gekonnt an. Die Kleinheit wurde in der Debatte
oftmals als technische Grösse mitangeführt. Aufgrund der
kleinen geographischen Grösse seien Gefahren schnell
an ihrem Ziel angelangt und die Luftwaffe habe nur wenig
Zeit zu reagieren. Dafür werde das bestmögliche Material
gebraucht, welches auch dem Selbstverständnis der
Schweiz als Technologiestandort entspräche (Flach 2019).

Ein weiteres oftmals verwendetes rhetorisches Stilmittel ist
der Verweis auf die Machtlosigkeit der Schweiz. Das Land
sei zu klein und Veränderungen im Inland hätten keinen
Effekt ausserhalb davon. Innenpolitische Anstrengungen
seien also nicht zielführend und es wird auf eine Ebene
höher verwiesen. Dies wäre in solch konkreten Fällen
Gremien von internationalen Organisationen. Vor diesem
Hintergrund kam es auch zum Ausspruch von Christian
Imark (SO, SVP) (2018:6), welcher festhielt, dass

> «Jeder weiss, dass wir das Weltklima von der
> Schweiz aus praktisch nicht beeinflussen
> können [...] Was wir hier tun, kommt einem
> Tropfen auf den heissen Stein gleich. Wenn
> die anderen gar nichts tun, dann bringt das

nichts. Wir schränken nur unsere Wirtschaft
ein und bewirken, dass die Wirtschaft
abwandert oder pleitegeht – ich spreche von
der produzierenden Industrie – und dass wir
diese Produkte aus Fernost beziehen müssen.»

Er war nicht der einzige, welcher die Kleinheit nutzte, um das
CO2-Gesetz zu bekämpfen. Doch anderer Vertreter:innen
aus seiner Partei nuancierten ihre Kritik etwas stärker. So
hielt der Aargauer Hansjörg Knecht (2018:4) fest, dass er
es für richtig halte, «dass es auch für ein kleines Land wie
die Schweiz durchaus Sinn macht, die CO2-Emissionen zu
senken», doch müsse man unbedingt berücksichtigen,

«dass es für die Erwärmung auch grössere
Ursachen natürlichen Ursprungs gibt und
Emissionen keine Landesgrenzen kennen und im
Endeffekt global anfallen. Aus diesem Grund kann
eine wirksame Klimapolitik nur funktionieren,
wenn sich alle Staaten, insbesondere auch
die Grossemittenten, daran beteiligen.»

Erneut zeigt sich dasselbe Muster: Die Innenpolitik der
Schweiz könne sich anstrengen, doch das Problem sei nicht
zu lösen. Dem Land werden gute Absichten zugesprochen,
welche es auch versucht, umzusetzen. Das die Ziele
nicht erreicht würden, liege also nicht in der Schuld der
Schweizer:innen, sondern bei Anderen. Die vermeintliche
Kleinheit wird hier also als Ausrede benutzt, um nicht mehr
leisten zu müssen. Viel eher wird versucht sich hinter anderen
zu verstecken und sich selbst als fleissige Mitwirkerin
zu porträtieren, die leider nicht mehr leisten könne.

Der rhetorische Kniff der *Topicalization* wird hier bewusst
angewendet. Durch den Aufbau des Satzes wird das
Augenmerk gekonnt auf andere Akteure gelenkt, so dass
impliziert wird, die Schweiz müsse und könne die Situation
nicht verbessern. Durch den Verweis auf nicht greifbare
«Grossemittenten» wird das Problem abstrakt und so wenig
Handlungsdruck suggeriert. Dieses Muster kann auch bei
der Debatte rund um die Konzernverantwortungsinitiative
beobachtet werden. So argumentieren die Gegner:innen des
Vorhabens mit den negativen Auswirkungen, welche eine
Annahme nach sich ziehen würde. Es wurde befürchtet,
dass die Justiz im Land überfordert würde, wenn das
Vorhaben sich durchsetze. Die Schweiz sei bekanntlich
klein und es gelte daher die Ressourcen der Judikative zu
schützen (Rieder 2019: 10). Darauf zielte auch das Votum
von Ständerat Beat Rieder (VS, Mitte) (2019: 11) ab: «Diese
Lösung wird unsere Rechtsordnung überlasten, sie wird
die Rechtsordnung eines Kleinstaates überlasten, und
sie wird unsere Wirtschaftsunternehmen vor nicht zu
überschätzende, unkontrollierbare Risiken stellen».
Würde die Initiative angenommen werden, müssten aber
Anstrengungen getätigt werden, da es dann wichtig wäre,
dass die rechtlichen Anliegen auch sorgfältig geprüft
werden. Dies würde bedingen, dass sachverständige
Personen in das betroffene Land reisen, vor Ort Zeug:innen
vernehmen usw. Die Schweiz könne aber dies nicht leisten,
da mit vielen Beschwerden zu rechnen wäre, welche auf
die vielen internationalen Unternehmen in der Schweiz
zurückzuführen seien. Die Konsequenz bezüglich Kosten
und Belastung sei für ein kleines Land nicht tragbar (Rieder
2019: 11). Erneut wird hier das Stilmittel der *connections*
dazu verwendet, um eine Handlung nicht umzusetzen. Die
vermeintlich hehren Ziele werden nicht in Abrede gestellt,

sondern vielmehr auf deren Nichtumsetzbarkeit verwiesen.
So wird suggeriert, dass es zwar eine gute Idee sein könnte,
leider jedoch für die Schweiz, aufgrund der Kleinheit, nicht
umsetzbar sei. Dabei wird das Attribut klein hier auf die
Leistungsstärke des Verwaltungsapparates angewendet.

Die Kleinheit wird innenpolitisch auch als Argument
verwendet, um eine Änderung anzustreben. So wird
beispielsweise in der Debatte um das CO2-Gesetz regelmässig
darauf hingewiesen, dass die Schweiz lediglich so viel
Ressourcen verbrauchen könne, weil sie relativ klein sei.
Würde der Konsum auf die Weltbevölkerung umgelegt
werden, wäre dies für den Planeten nicht mehr tragbar.
Daraus entstehe eine Verantwortung, auch für ein kleines
Land, seinen Ressourcenverbrauch entsprechend anzupassen
(Graber 2019). Gleichzeitig wird andernorts daraus
aber auch abgeleitet, dass Ressourcen clever eingesetzt
werden sollen. Daher forderten die Gegner:innen eines
Kampflugzeugs einen aus ihrer Perspektive vernünftigen
Einsatz von Geldern und nicht die Evaluation von Gerät,
welches als «Luxusgedanken» (Roth 2019: 12) entspringt.
Dies sei naheliegend: «Aufgrund der Grösse und der
kontinentalen Lage unseres Landes sind eine moderne
bodengestützte Luftverteidigung, Radarüberwachung
und Führungs- und Kontrollsysteme jedoch die tragenden
Elemente und nicht die Höchstgeschwindigkeit und
Ladekapazität der Bomber» (Roth 2019:12). Die Schweiz
müsse nur über die grundlegenden Fähigkeiten verfügen
und nicht mit grösseren Ländern mithalten wollen.

Die Verwendung in der Innenpolitik

In der Innenpolitik ist die Kleinheit der Schweiz prominent vertreten. Sie wird fleissig benutzt, um die eigenen Argumente zu unterstreichen. Dabei drängt sie sich selten als Hauptaussage in den Vordergrund, sondern wird oftmals implizit verwendet. Insbesondere bürgerliche Parteien benutzen die geographische Grösse oftmals als eine Begründung, um ein Vorhaben nicht umzusetzen. Diese Rhetorik übernahmen jedoch auch die Gegner:innen eines neuen Kampflugzeuges, welche klar auf der linken politischen Seite zu verorten sind. Dennoch verwiesen ebenjene linken politischen Kräfte viel eher auf die wirtschaftliche Grösse der Schweiz und liessen die geographischen Komponenten aussen vor. Sie nutzten *Framing*, um die Schweiz als einflussreiches Land zu porträtieren, obwohl es scheinbar klein sei. Aufgrund dieser mehrfachen Aufladung des Konzepts mit verschiedenen Bedeutungen und einer Vielzahl von Absichten kann die Kleinheit in der Innenpolitik durchaus als *empty signifier* bezeichnet werden. Die Bedeutung der Kleinheit ist von einer eindeutigen Ideologie losgelöst und lässt sich entsprechend von allen Akteur:innen problemlos verwenden. Es handelt sich also wahrlich um ein Tummelbecken von Vorstellungen. Dabei gewinnt die Kleinheit erst an Bedeutung durch den Kontext des Redebeitrags, welcher durch Verwendung von Stilmitteln wie *Conversations* und *Topicalizations* aufgebaut wird.

Die Kleinheit in der Aussenpolitik

Im folgenden Abschnitt wird die Verwendung der Kleinheit im Kontext der Aussenpolitik betrachtet. Dabei werden erneut alle drei Vorlagen eingebunden und Muster herausgearbeitet. In der Debatte rund um das CO2-Gesetz wurde beispielsweise intensiv über deren Auswirkungen

auf die Gesellschaft im Inland debattiert. Dies geschah
aber oftmals lediglich als Vorläufer, um die Debatte eine
Ebene höher aufzugreifen. So konnte die Schweiz in einen
globalen Kontext gestellt werden und die Aussenpolitik
wurde zum Dreh- und Angelpunkt der Diskussion. So
argumentierten die Befürworter:innen folgendermassen:

> «Man kann sich natürlich auf den Standpunkt
> stellen, dass das schweizerische Nichtstun
> nur wenig kosten würde, weil wir als Nation
> selbstverständlich nur für einen kleinen Teil
> der weltweiten Emissionen verantwortlich
> sind. Man wird aber Mühe haben, mit dem so
> begründeten Nichtstun irgendein anderes Land zu
> Massnahmen aufzufordern. Der Klimawandel ist
> ein globales Problem.» (Müller-Altermatt, 2018: 3).

Dieser Forderung nach einer Umsetzung der Revision folgt in
der Regel ein gängiges Argumentationsmuster dagegen. Es
wird zwar die Wichtigkeit von CO2-Einsparungen zugegeben,
doch im gleichen Atemzug hervorgehoben, dass die kleine
Schweiz gegenüber den grossen Emittenten machtlos sei.
Umweltverschmutzung stoppe nicht an Grenzen und so
sei es nicht zielführend, wenn die Schweiz mit starken
Massnahmen vorausprescht. Man würde dadurch nur
der inländischen Wirtschaft schaden (Knecht, 2018). Die
Befürworter:innen nutzen in ihren Redebeiträgen das
Werkzeug der *Topicalization*, indem sie zwar anerkennen, dass
die Schweiz nur einen kleinen Teil der Emission verursacht,
dies jedoch keine Entschuldigung für ein Nichtstun sei, da
dadurch andere Akteur:innen wohl kaum von Handlungen zu
überzeugen wären. Die Gegenseite hingegen verwendet das
gleiche Werkzeug und dreht die Argumentation um und war

der Überzeugung, dass nur globales Handeln sinnvoll sei und
die Schweiz als Kleinstaat nichts bewegen könne. Sie führten
das weiter aus, indem sie festhielten, dass die Schweiz die
Rolle eines Musterschülers mit dieser Revision einnehmen
wolle und dadurch einen wirtschaftlichen Nachteil erleiden
könne, wenn andere Staaten nicht nachziehen (Knecht 2018:
4). Die Befürworter:innen der Vorlage verwenden die globale
Ebene hier klar als Proargument. Sie leiten daraus eine Pflicht
ab, zu handeln, da auch die Schweiz einen Beitrag leisten
müsse. Es sei ein Problem, welches die ganze Erde betreffe
und daher könne kein Staat sich aus der Affäre ziehen egal
wie klein er auch sei. Die Gegner:innen leiten allerdings
eine andere Konklusion daraus ab. Die Schweiz sei aufgrund
ihrer Grösse machtlos gegenüber dem Klimawandel und
könne daraus nichts tun, was das Problem auf einer globalen
Ebene löse. Viel eher müsse man abwarten, bis grössere
Staaten sich bewegen und solle nicht vorpreschen, da ein
kleines Land so höchstens sich selbst schaden könne.

Beide Lager verwenden eindeutig das von Gee eingeführte
Werkzeug der *Connections*. Sie verwenden Sprache, um
Dinge miteinander zu verknüpfen, welche auf den ersten
Blick nicht zusammengehören. So leiten sie beide aus
der Grösse beziehungsweise Kleinheit des Landes eine
Handlungsempfehlung ab. Spannend ist, dass sich die beiden
Endpunkte der Argumentation diametral widersprechen.
Ebenfalls spannend ist die Verbindung von Veränderung mit
wirtschaftlichem Nachteil. Es werden dafür keine Belege
angeführt, sondern lediglich Behauptungen aufgestellt. Diese
basieren auf mangelnder Gestaltungskraft, welche auf die
Grösse des Landes zurückgeführt wird. So würde die Schweiz
ein Eigentor schiessen und sich Massnahmen auferlegen,
welche den Wettbewerb zu deren Ungunsten verändern würde.

Dies könne von der Bevölkerung nicht gewünscht sein, nur um
dann eine Vorbildrolle einnehmen zu können (Hösli 2019).

Auch in der Debatte rund um die Beschaffung eines
neuen Kampfflugzeuges wurde die Grösse der Schweiz
als aussenpolitisches Argument angeführt. Man solle
mit Nachbarstaaten kooperieren. So könne die Schweiz,
deren Stärke in anderen Bereichen liegen, diese eher
international einbringen und nicht Ressourcen für teure
Flugzeuge verschwenden (Crottaz 2019). Hierbei wird
hervorgehoben, dass die Schweiz als kleines Land über
beschränkte Mittel verfügt und diese anders eingesetzt
werden sollen. Das Land sei nicht in der Lage hoheitliche
Aufgaben selbständig durchzuführen, sondern ist auf Partner
angewiesen. Die Pro-Seite hingegen widerspricht dieser
Sichtweise vehement. Nur mit einer Luftwaffe «werden auch
Verpflichtungen wahrgenommen, die ein neutraler Staat
hat» (von Siebenthal 2019: 30). Die Argumentationslinien
entsprechen hierbei grundsätzlich denjenigen aus der CO2-
Diskussion, werden allerdings umgekehrt angewendet.
Die Schweiz müsse, ungeachtet ihrer Grösse eine Fähigkeit
aufweisen, da dies sich für einen souveränen Staat gehöre.
Die Gegner:innen hingegen halten fest, dass die kleine
Schweiz mit einer Luftverteidigung nichts bewirken könne,
da das Land dafür zu klein sei. Dies erinnert stark an die
Argumentation der Gegner:innen eines CO2-Gesetzes.

Die geographische Dimension ist allerdings nicht die einzige,
welche mit Grösse verknüpft werden kann. Während der
Auseinandersetzung mit der Konzernverantwortungsinitiative
war in den beiden Räten wiederholt von der wirtschaftlichen
Kraft der Schweiz die Rede. Sie sticht vor allem im
internationalen Vergleich heraus. So verwiesen

die Befürworter:innen der Initiative, und auch des
Gegenvorschlages, auf die finanzielle Grösse der Schweiz.
So sei sie «eines jener Länder, die von der Globalisierung
am meisten profitiert haben» (Flach 2019b: 5). Und daher
sei ein Handlungsbedarf nicht von der Hand zu weisen,
führt Nationalrat Beat Flach (AG, Grüne, 2019b: 6) aus:

> «Denn wir sind einer der Big Player auf diesem
> Planeten, was internationale Geschäfte angeht,
> sei es bei den Rohstoffen oder auch bei anderen
> Handelsbeziehungen. Alle unsere Unternehmen
> hier in der Schweiz, alle, von denen ich den
> Geschäftsbericht gelesen haben, sagen, dass
> sie auch Verantwortung übernehmen.»

Die wirtschaftliche Macht der Schweiz dient dem Pro-Lager
durch die ganze Konzernverantwortungsinitiative-Debatte
hindurch als wichtigstes Argument. Die Gegenseite ist mit
dieser Auslegung der Gegebenheiten nicht einverstanden und
nutzt die Schwäche eines kleinen Landes als Argument. Ein
solches Vorhaben wie die Konzernverantwortungsinitiative
sei für die Schweiz zu ambitioniert. So seien die Konsequenzen
bezüglich Kosten und Belastung für ein kleines Land nicht
tragbar (Rieder 2019). Die Schweiz wird eindeutig als kleines,
im Sinne von schwaches, Land bezeichnet. Diese beiden
Begriffe werden gekonnt miteinander verknüpft, obwohl
dies nicht zwingend der Fall sein müsste. Es werden erneut
Connections aufgebaut. Man müsse vorsichtig sein, so dass
es nicht an seine Grenzen gebracht werde und dadurch die
Bevölkerung leide. Nach einer Annahme der Initiative würden
gar «verheerende Auswirkungen» (Vonlanthen 2019: 16).
auf die Schweiz zukommen. Auch wird die Signalwirkung,
welche eine Annahme hätte, angesprochen. Die Schweiz

könne zwar Versuchen eine Vorreiterrolle einzunehmen, da
noch nicht viele Länder ähnliche Regelungen in ihr Gesetz
gegossen haben, ein Effekt sei allerdings fraglich. So führt
dann auch ein weiterer Ständerat aus, dass «was wir mit
der Initiative und der Umsetzung, die mit dem indirekten
Gegenvorschlag vorweggenommen wird, weltweit bewirken
möchten, ist ehrenwert. Was wir uns damit einhandeln
würden, macht mir jedoch mehr als Bauchschmerzen.»
(Germann 2019: 24). Die Gegner:innen nutzen hier gekonnt
eine vorherrschende Sichtweise, welche es in der Schweiz
zu finden gibt: Das Land solle nicht vorpreschen, sondern
sich auf funktionierende Abläufe fokussieren. Dies ist
stark mit der Neutralität verbunden. Wenn man sich nicht
exponiert, läuft man nicht in Gefahr, einen Fehler zu
begehen. Progressive Vorlagen werden von der Bevölkerung
regelmässig aus diesen Gründen abgelehnt. Der Umstand
ist der Contra-Seite bekannt und wird daher wiederholt
betont. Das Wissen über solche politischen Gegebenheiten
(*Conversations*) wird hier gewinnbringend eingesetzt.

Kleinsein auf der globalen Bühne

Die Verwendung des Konzepts der Kleinheit in der
Aussenpolitik ist ebenfalls schwierig greifbar. Es wird zwar in
allen drei Debatten bemüht, jedoch stets auf unterschiedliche
Weise. Es fällt aber auf, dass Kleinsein auf globaler Ebene im
Schweizer Parlament oft mit Schwäche in Verbindung gebracht
wird. Diese Schwäche wird aber unterschiedlich ausgelegt.
So nutzen Gegner:innen einer Kampfflugzeugbeschaffung
solche Argumentationsmuster eher als Argument dagegen, da
solche Gerätschaften sowieso keinen Mehrwert an Sicherheit
mit sich bringen für die kleine Schweiz, welche sogar noch
von Freunden umgeben sei. Gegner:innen des CO2-Gesetzes

warnen mit demselben Argument vor einem Vorpreschen,
da sich ein schwaches Land dadurch nur selber schade. Es
sei nicht an der Schweiz ein Vorbild für die Welt zu sein.

Wie bereits bei der Innenpolitik gelangt das Kapitel auch
bei diese Politikfeld zum Schluss, dass die Kleinheit
ambivalent bleibt. Sie wird von allen politischen Lagern in
verschiedenen Varianten verwendet, um ein Argument zu
verstärken. Dabei kann sie auf unzählige Art und Weisen
verwendet werden. Teilweise finden sich in den Lagern
ähnliche Argumentationsmuster, obwohl sich die Ziele nicht
miteinander vereinbaren lassen. Die Kleinheit ist also auch
in der Aussenpolitik ein Symbol losgekoppelt von jeglicher
Ideologie. Es lässt sich anhand der eigenen Präferenzen und
Absichten verwenden. Die bürgerliche Seite nutzt es eher, um
Vorhaben nicht umzusetzen. Dies kann aber durchaus auf die
Fallauswahl des Textes zurückgeführt werden, da zwei der
drei Vorlagen von der linken Ratsseite vorangetrieben wurden.

Diskussion
Das Kapitel versuchte mit dem Werkzeug der Diskursanalyse
aufzuzeigen, wie in verschiedenen Feldern der Politik in der
Schweiz deren Kleinheit als Argumentationslinie verwendet
wird. Drei Vorlagen aus unterschiedlichen Gebieten standen
im Fokus und deren Debattenverlauf wurde nachgezeichnet.

Es wurde herausgearbeitet, dass die Grösse des Landes in
allen drei Diskussionen verwendet wurde. Sie nahm zwar
selten die Rolle eines Hauptarguments ein, war jedoch stets
unterschwellig als Begründung für politische Entscheidungen
erkennbar. Die Verwendung des Konzepts unterschied sich
aber von Fall zu Fall und von Politiker:in zu Politiker:in. Dabei

konnten ähnliche Argumentationsmuster für verschiedene
Ziele verwendet werden. Dies war möglich, da die Kleinheit
von Ideologien losgekoppelt scheint. Sie lässt sich viel eher als
empty signifier umschreiben, da sie beliebig mit Bedeutung
aufgeladen werden kann. Einzig der Umstand, dass die
Schweiz aus einer geographischen Perspektive klein ist,
verbindet die politischen Gegner:innen. Die Signifikanz
die geographische Kleinheit hingegen variiert erheblich.

In der Beratung rund um die Neubeschaffung von
Kampfflugzeugen nahm die Kleinheit den geringsten Platz ein,
da technische Details wichtiger erschienen. Dennoch wurde
die Kleinheit auf beiden Seiten aufgegriffen: Ein kleines Land
könne nur bestehen, wenn es wehrhaft bleibe, argumentierte
das Pro-Lager. Auf der anderen Seite hingegen hiess es,
dass gerade wegen dem kleinen Staatsgebiet die Schweiz
viel eher Kooperationen anstreben solle, da so ein höherer
Mehrwert für die Welt generiert werde. In den beiden anderen
Vorlagen war deutlich mehr von der Grösse der Schweiz die
Rede. Dabei wurden als Referenzpunkt, je nach Argument,
unterschiedliche Masseinheiten verwendet. Neben rein
geographischen Aspekten wurde oftmals auch der Wohlstand
und die Finanzkraft der Schweiz erwähnt, wenn der Begriff
Kleinstaat fiel. Daraus wurden dann unterschiedliche
Ausprägungen von Verantwortlichkeiten abgeleitet.

Das zentrale Motiv der Kleinheit, so wie sie in den hier
untersuchten Vorlagen verwendet wurde, scheint dabei die
Leistungsfähigkeit eines kleinen Landes (hier: der Schweiz)
zu sein. Erstens scheint ein solches keinen Unterschied
leisten zu können, weswegen es sich nicht lohne ein Vorhaben
weiterzuverfolgen. Man sieht sich aufgrund der eigenen
Möglichkeiten in die Rolle der Trittbrettfahrerin versetzt

und geniesst die Vorteile, welche eine solche mit sich bringt. Zweitens, auch wenn ein kleines Land allenfalls nicht viel leisten kann, ist es doch nicht von einer Verantwortung zu Handeln entbunden. Es bestehe implizit ein Druck moralisch zu handeln, und nicht nur grösseren Staaten nachzuhinken. Und drittens könne selbst die Bemühungen eines kleinen Landes Konsequenzen haben, insbesondere für das Land selbst und als Vorbildrolle darüber hinaus.

Eine abschliessende Beurteilung über die Verwendung der Kleinheit durch politische Akteure bleibt schwierig. In den drei Diskussionen gab es jedoch die Tendenz, dass bürgerliche Kreise das Argument eher verwendeten, um die Schweiz aus der Verantwortung zu nehmen. Entwicklungen sollten gebremst werden, so dass der Wirtschaftsstandort sich nicht allzu fest anpassen muss. Eher linkere Akteur:innen sahen die Schweiz selbst nicht zwingend als klein an, da sie meistens wirtschaftliche Kennzahlen nutzten und die Schweiz als Globalisierungsgewinnerin darstellten. Oftmals griffen sie auch eine Metaebene auf und lösten ihre Argumente von der Grösse, da es für jedes Land eine moralische Pflicht gebe, gewisse Vorhaben umzusetzen. Allerdings liesse sich auch für beide Sachverhalte Gegenbeispiele finden. So nutzten die Gegner:innen eines Kampfflugzeugs die Grösse des Landes ebenfalls als Ausrede für ein Nichthandeln. Die Kleinheit der Schweiz ist also eine rhetorische Figur die von allen Parteien und Politiker:innen gekonnt dazu genutzt wird, das eigene Argument zu unterstreichen. Die Konzeption zeigt sich als völlig abhängig vom politischen Ziel, da sie keine ideologische Substanz aufweist. Sie ist also ein *empty signifier*. Als Stilmittel dringt die Kleinheit aber selten plump in den Vordergrund, sondern wird

meistens genutzt, um einem Argument mehr Nachdruck zu
verleihen. Sie glänzt durch ihre ambivalente Verwendung.

Gerade in ihrer Ambivalenz gleicht die Kleinheit den
anderen «grossen» Begriffen der Schweizer Politik:
Demokratie, Föderalismus, Milizsystem und Neutralität.
Während aber diese viel Aufmerksamkeit der Wissenschaft
erfahren, so scheint es dem Verfasser doch angebracht,
dass auch die Kleinheit vermehrt unter die Lupe genommen
wird. Aufgrund ihrer Omnipräsenz über die Grenzen
verschiedener Debatten hinaus, drängt sich dies auf.
Die, beinahe rituelle, Fokussierung auf die Kleinheit
der Schweiz, und die dadurch herbeibeschworene
Einschränkung der eigenen Fähigkeiten, scheint –
zumindest im politischen Diskurs – tief verankert zu sein.

Referenzen

Anderson, Benedict (1983): *Imagined communities: reflections on the origin and spread of nationalism*. London: Verso.

Browning Christopher (2006): Small, Smart and Salient? Rethinking Identity in the Small States Literature. Cambridge Review of International Affairs Vol. 19, 669-684.

Buchanan, Ian (2016): *Dictionary of Critical Theory*. Oxford: Oxford University Press.

Cheng, Jennifer (2015): Islamophobia, Muslimophobia or racism? Parliamentary discourses on Islam and Muslims in debates on the minaret ban in Switzerland. *Discourse & Society* Vol.26 (5), 562-586.

Crottaz, Brigitte (2019): Amtliches Bulletin – Bulletin Officiel. Nationalrat, Wintersession 2019. Fünfte Sitzung 09.12.2019.

Dittli, Josef (2019): Amtliches Bulletin – Bulletin Officiel. Ständerat, Herbstsession 2019. Zehnte Sitzung 24.09.2019.

Dunmire Patricia (2012): Political discourse analysis: Exploring the language of politics and the politics of language. *Language and Linguistics Compass* 6(11), 735–751.

Eidgenössisches Departement für auswärtige Angelegenheiten EDA (2019): Die Schweiz in der Welt 2018. Bericht der Arbeitsgruppe «Aussenpolitische Vision Schweiz 2028». Bern.

Eugster, Beatrice, and Oliver Strijbis (2011): The Swiss: a political nation?" *Swiss Political Science Review* 17.4, 394-416.

Flach, Beat (2019): Amtliches Bulletin – Bulletin Officiel. Ständerat, Wintersession 2019. Fünfte Sitzung 09.12.2019.

Flach, Beat (2019b): Amtliches Bulletin – Bulletin Officiel. Nationalrat, Sommersession 2019. Achte Sitzung 13.06.2019.

Flückiger, Bernadette (2021): Die Stimmbevölkerung lehnt strengere Massnahmen zum Klimaschutz ab. Swissvotes – die Datenbank der eidgenössischen Volksabstimmungen.

Gabriel, Jürg (2003): The Price of Political Uniqueness: Swiss Foreign Policy in a Changing World." *Swiss Foreign Policy,* 1945–2002. London: Palgrave Macmillan, 1-22.

Gee, James Paul (2011): *An Introduction to Discourse Analysis. Theory and method.* New York: Routledge.

Germann, Hannes (2019): Amtliches Bulletin – Bulletin Officiel. Ständerat, Frühjahrssession 2019. Sechste Sitzung 12.03.2019.

Graber, Konrad (2019): Amtliches Bulletin – Bulletin Officiel. Ständerat, Herbstsession 2019. Neunte Sitzung 23.09.2019.

Habermas, Jürgen (1998): *Die postnationale Konstellation; Politische Essays.* Frankfurt am Main: Suhrkamp.

Helbling, Marc, Hoeglinger Dominic und Wüest Bruno (2010): How political parties frame European Integration. *European Journal of Political Research* 49, 496-521.

Hösli, Werner (2019): Amtliches Bulletin – Bulletin Officiel. Ständerat, Herbstsession 2019. Elfte Sitzung 25.09.2019.

Imark, Christian (2018): Amtliches Bulletin – Bulletin Officiel. Nationalrat, Wintersession 2018. Fünfte Sitzung 03.12.2018.

Knecht, Hansjörg (2018): Amtliches Bulletin – Bulletin Officiel. Nationalrat, Wintersession 2018. Fünfte Sitzung 03.12.2018.

Laclau, Ernesto (1996): *Emancipation(s)*. London: Verso.

Lee, Donna und Smith, Nicola (2010): Small State Discourses in the International Political Economy. *Third World Quarterly*, 31:7, 1091-1105.

Müller-Altermatt, Stefan (2018): Amtliches Bulletin – Bulletin Officiel. Nationalrat, Wintersession 2018. Fünfte Sitzung 03.12.2018.

Noser, Ruedi (2019): Amtliches Bulletin – Bulletin Officiel. Nationalrat, Wintersession 2019. Sechste Sitzung 12.03.2019.

Paltridge, Brian (2012): *Discourse Analysis*. London: Bloomsbury.

Rieder, Beat (2019): Amtliches Bulletin – Bulletin Officiel. Ständerat, Frühjahrssession 2019. Sechste Sitzung 12.03.2019.

Rieder, Beat (2020): Amtliches Bulletin – Bulletin Officiel. Ständerat, Frühjahrssession 2020. Fünfte Sitzung 09.03.2020.

Rogers, Rebecca (2004): Setting an agenda for critical discourse analysis in education, in R. Rogers (Hrsg.): *An Introduction to Critical Discourse Analysis in Education*. Mahwah, NJ: Routledge, 267–284.

Roth, Franziska (2019): Amtliches Bulletin – Bulletin Officiel. Ständerat, Wintersession 2019. Fünfte Sitzung 09.12.2019.

Stojanovic, Nenand (2003): Swiss nation-state and its patriotism. A critique of Will Kymlicka's account of multinational states. *Polis* 11: 45–94.

Strasser, Matthias (2020): Volk stimmt neuen Kampfjets im zweiten Anlauf hauchdünn zu. Swissvotes – die Datenbank der eidgenössischen Volksabstimmungen.

Strasser, Matthias (2022): Konzernverantwortung: Volk sagt Ja, Stände lehnen ab. Swissvotes – die Datenbank der eidgenössischen Volksabstimmungen.

Tagesanzeiger (2014): Schweizer Luftwaffe nur zu Bürozeiten einsatzbereit. Tagesanzeiger 20.02.2014. (https://www.tagesanzeiger.ch/schweiz/standard/schweizer-luftwaffe-nur-zu-buerozeiten-einsatzbereit/story/16340681 [Stand 26.06.2022])

Tanner, Jakob (2015): *Geschichte der Schweiz im 20. Jahrhundert.* München: CH Beck.

Trachsler, Daniel (2012): Nationale Imageförderung der Schweiz: Überschätzt oder unverzichtbar?." *Bulletin 2012 zur schweizerischen Sicherheitspolitik.* Center for Security Studies (CSS), ETH Zürich, 2012. 69-96.

Van Dijk, Teun (2006): Ideology and discourse analysis. *Journal of political ideologies* 11.2: 115-140.

Vonlanthen, Beat (2019): Amtliches Bulletin – Bulletin Officiel. Ständerat, Frühjahrssession 2019. Sechste Sitzung 12.03.2019.

Von Siebenthal, Erich (2019): Amtliches Bulletin – Bulletin Officiel. Nationalrat, Wintersession 2019. Fünfte Sitzung 09.12.2019.

(3)

Das Frauenbild im Abtreibungsdiskurs der Gegner:innen — Eine Diskursanalyse zur politischen Abtreibungsdebatte der Schweiz

Elena Püntener

Einleitung

Die Debatten und Ereignisse um den straffreien Schwangerschaftsabbruch überschlagen sich aktuell weltweit. Während in Deutschland der Bundestag die Aufhebung des umstrittenen Werbeverbots für Schwangerschaftsabbrüche beschlossen hat, kommt die Annullierung des verfassungsmässigen Rechts auf Abreibung durch das Oberste Gericht in den USA einem gesellschaftlichen und politischen Erdbeben gleich. Auch in der Schweiz bleibt die Debatte um einen straffreien Schwangerschaftsabbruch in der Öffentlichkeit und Politik aktuell und wird selbst nach der Einführung der Fristenregelung aus dem Jahr 2002 immer wieder stark emotional geführt. Diese starke emotionale Geladenheit der Thematik kann zum Beispiel am «Marsch fürs Läbe» beobachtet werden, wo Abtreibungsgegner:innen und Abtreibungsbefürworter:innen in Zürich aufeinandertrafen. Auch politisch besteht in der Schweiz weiterhin ein Bedarf zur Diskussion um den straffreien Abort. So lancierte beispielsweise im Jahr 2014 die SVP die Initiative «Abtreibungsfinanzierung ist Privatsache» und auch erst vor wenigen Monaten wurde die Thematik mit zwei weiteren Initiativen, die den straffreien Abort einschränken sollen, wieder aufgegriffen.

Dabei ist es wichtig zu verstehen, dass der Diskurs zum Schwangerschaftsabbruch grundsätzlich auf zwei Ebenen geführt wird: Der Status des vorgeburtlichen menschlichen Lebens auf seinen verschiedenen Entwicklungsstufen und wer darüber entscheiden darf (Pro-Life) und das individuelle Freiheitsrecht der Frau und die damit verbundene Entscheidung über ihren eigenen Körper (Pro-Choice, Vanderford 1989). Gegner:innen der Abtreibungsdebatte konzentrieren sich hierbei hauptsächlich auf die erste Ebene – dem Recht des Fötus auf Leben (Busch 2015) – während Befürworter:innen eines straffreien Schwangerschaftsabbruch hauptsächlich auf der zweiten Ebene argumentieren (Schmitter 2014). Klar ist allerdings, dass beide Aspekte zusammengehören, denn sowohl Pro-Life wie auch Pro-Choice Befürworter:innen verstehen die Abtreibung als ein sozial, politisch und moralisch relevantes Thema, das diskutiert und reguliert werden muss (Vanderford 1989). Interessant ist es daher, dass die Argumente sowohl bei den Befürworter:innen, wie auch bei den Gegner:innen stark einseitig ausfallen. In der vorliegenden Diskursanalyse soll daher ein neuer Blickwinkel in der Debatte um den straffreien Schwangerschaftsabbruch aufgenommen werden. Ziel ist es, die Hauptperspektive der Abtreibungsgegner:innen aufzuzeigen, wie sie die von einer Abtreibung betroffenen Frauen wahrnehmen. Dafür soll folgende Fragestellung genauer untersucht werden:

Wie wird im politischen Diskurs der Abtreibungsgegner:innen die Rolle der Frau wahrgenommen und dargestellt?

Mit Hilfe einer Diskursanalyse soll untersucht werden, welche Argumente im öffentlichen politischen Diskurs besonders im Fokus stehen und genutzt werden und welche Auswirkungen

diese auf das Frauenbild der Gegner:innen haben. Dafür
sollen ausschliesslich die Argumente der Initiant:innen
der beiden neu angekündigten Initiativen *Einmal darüber
schlafen* und *Lebensfähige Babys retten* untersucht werden. Als
Textkorpus für die Diskursanalyse werden die Webseiten der
Initiant:innen verwendet. Dies bringt den Vorteil mit sich, dass
verschiedene Argumentationspunkte von unterschiedlichen
Akteur:innen aufgenommen werden können.

In einem ersten Schritt soll der historische Hintergrund zur
Gesetzgebung vom straffreien Schwangerschaftsabbruch
in der Schweiz aufgeführt werden, um die Verbindung
zwischen Kontext und Text zu schaffen. In einem weiteren
Schritt wird der theoretische Rahmen für die Diskursanalyse
erläutert und die Propositionen aufgestellt. Darauf folgt
die Diskursanalyse, worauf in einem letzten Schritt ein
Fazit zu den Erkenntnissen gezogen werden soll.

Kontext

Mittlerweile können wir über 20 Jahre auf einen straffreien
Schwangerschaftsabbruch in der Schweiz zurückblicken.
Der Weg dahin war allerdings von einer stark emotional
geführten Debatte und zahlreich lancierten und wieder
verworfenen Initiativen geprägt. Erst im Jahr 2002 sprach
sich die Politik und das Schweizer Volk für eine Lösung aus,
die das Gesetz von 1942 ersetzte, siehe unten. Öffentliche
Debatten und politische Entscheidungsprozesse sind
miteinander verbunden und bedingen sich gegenseitig. Um
den Diskurs des straffreien Schwangerschaftsabbruchs
in der Schweiz und die lange Entstehungszeit von sechzig
Jahren für die neue Gesetzgebung nachvollziehen zu

können, sollen deshalb der politische und rechtliche Kontext
sowie aktuelle Kennzahlen genauer erläutert werden.

Gesetzliche Regulierung

Aus rechtlicher Sicht herrschte in der Schweiz bis 2002 eine der
restriktivsten Abtreibungsregelungen in Europa. Es galten die
Regeln aus dem Strafgesetzbuch von 1942, welche besagten,
dass ein Schwangerschaftsabbruch für die schwangere
Frau und die Person, die ihn vornimmt, strafbar sind. Eine
Ausnahme wurde lediglich bei grosser gesundheitlicher
Gefährdung der Frau gemacht (EFK 2001). Vor der Einführung
des Schweizer Strafgesetzbuches, lagen die Kompetenzen
bei den jeweiligen Kantonen. Dies hatte zur Folge, dass die
Strafen und der Umgang mit dem Schwangerschaftsabbruch
sehr unterschiedlich – auch noch nach dem Inkrafttreten des
Strafgesetzbuches – angewendet wurden (Minelli 2000: 49).

Angeregt durch die neue Frauenbewegung in Frankreich und
der Bundesrepublik Deutschland erlangte die Thematik des
straffreien Aborts auch in der Schweizer Öffentlichkeit eine
zentrale Rolle. Die bisherigen Rechtsungleichheiten wurden
als stossend empfunden, weshalb 1971 ein überparteiliches
Komitee eine «Volksinitiative für die Straflosigkeit der
Schwangerschaftsunterbrechung» lancierte (Minelli 2000:
26). Aufgrund der fehlenden Unterstützung von Seiten des
Bundesrates und der starken Opposition, wurde die Initiative
zurückgezogen und stattdessen eine Fristenlösungsinitiative
eingereicht. Diese galt als Kompromiss und besagt einen
straffreien Schwangerschaftsabbruch in den ersten zwölf
Wochen der Schwangerschaft. Dennoch wollte man sich auf
Seiten der Gegner:innen wie auch der Befürworter:innen nicht
mit einem Kompromiss abfinden, weshalb die Fristenlösung

mit 51.7% vom Schweizer Volk 1977 abgelehnt wurde (EFK
2001: 6). Auffällig waren die grossen Stimmunterschiede
zwischen den Kantonen – acht Kantone nahmen die Initiative
mit teilweiser grosser Mehrheit an, wie zum Beispiel in
Genf wo sie mit 78.7% angenommen wurde. Gleichzeitig
wurde die Initiative von den ländlichen Kantonen deutlich
abgelehnt, wie im Kanton Appenzell Innerrhoden, wo
sie nur 7.4% Zustimmung erlangte (Minelli 2000: 27).

Ebenfalls Schwierigkeiten ihre Initiativen im Volk
durchzubringen, hatten die Abtreibungsgegner:innen. Ihre
Initiative «Recht auf Leben» wurde 1985 mit 69% verworfen.
1993 forderte Barbara Haering Binder aus der SP Zürich mit
der Unterstützung von mehreren Frauenorganisationen eine
parlamentarische Initiative mit Fristenlösung, die 2002 mit
einem Ja-Stimmenanteil von über 72% angenommen wurde
(Turuban 2022). Seither gilt in der Schweiz die Fristenlösung
nach Strafgesetzbuch Artikel 119, 2: *Der Abbruch einer
Schwangerschaft ist ebenfalls straflos, wenn er innerhalb von zwölf
Wochen seit Beginn der letzten Periode auf schriftliches Verlangen
der schwangeren Frau, die geltend macht, sie befinde sich in einer
Notlage, durch eine zur Berufsausübung zugelassene Ärztin oder
einen zur Berufsausübung zugelassenen Arzt vorgenommen
wird. Die Ärztin oder der Arzt hat persönlich mit der Frau
vorher ein eingehendes Gespräch zu führen und sie zu beraten.*

Kennzahlen aus der Schweiz

Im Jahr 2021 lag die Zahl der Schwangerschaftsabbrüche
bei 6.7 Abbrüche pro 1'000 Frauen, wovon 95% der Abbrüche
noch vor der zwölften Schwangerschaftswoche erfolgten
(BFS 2022). Dies entspricht einer Gesamtzahl von 10'869 in der
Schweiz ausgeführten Aborten im Jahr 2021. Zwischen 2011

und 2018 ist die Schwangerschaftsabbruchrate gesamthaft leicht zurückgegangen, während sie zwischen 2018 bis 2020 wieder leicht angestiegen ist (BFS 2022). Trotzdem bleibt der Wert der Schwangerschaftsabbrüche in der Schweiz im internationalen Vergleich tief. So gehört die Schweiz neben Singapur zu den Ländern mit der geringsten Abtreibungsrate (Turuban 2022). 80% der Schwangerschaftsabbrüche werden mittels der Einnahme von Medikamenten vorgenommen, weitere 20% durch chirurgische Eingriffe (BFS 2022). Die meisten Schwangerschaftsabbrüche in der Schweiz erfolgen in der Altersgruppe der 30- bis 34-Jährigen (Statista 2022). Demnach in der gleichen Alterskategorie, in der die meisten Geburten stattfinden (Turuban 2022). Der Wert bei den 15- bis 19-Jährigen ist mit 3.7 Abbrüchen pro 1'000 Frauen hingegen konstant tief (BFS 2022). Die Kosten eines Schwangerschaftsabbruchs sind von Kanton zu Kanton unterschiedlich. Je nach Behandlungsart, ob medikamentös oder per chirurgischem Eingriff, belaufen sich die Kosten in einem Rahmen von 500 bis 3'000 CHF, diese werden allerdings in der Schweiz von der Grundversicherung der Krankenkasse übernommen (Sexuelle Gesundheit Schweiz: 2022).

Theorie und Propositionen
Die Einführung des straffreien Aborts ist bereits 20 Jahre her und auch die Statistik der Schwangerschaftsabbrüche in der Schweiz ist seit ca. 20 Jahren stabil (BFS 2022). Umso interessanter ist es daher, dass die Diskussion um den straffreien Abort weiterhin stark emotional geführt wird.

Die Regulierung der Bevölkerung ist ein essenzieller Aspekt einer Gesellschaft, denn sie beeinflusst die Existenz und Stabilität eines Staates. Die Kontrolle über deren Wachstum,

die Geburten- und Sterberaten aber eben auch die Fakten
rund um das Thema Abtreibung sind daher zentrale
Themen der Politik (Hahn 2015: 45). Zusätzlich tangiert die
Abtreibungsdebatte viele fundamentale gesellschaftliche
Fragen. Dabei handelt es sich um Fragen wie zum Beispiel
welchen Einfluss die Religion auf den Rechtsstaat haben darf;
ab wann ein Lebewesen ein Recht auf Leben hat; was die
Stellung der Frau in unserer Gesellschaft ist; aber auch wie fest
der Staat in die Privatsphäre seiner Bürger:innen eingreifen
darf. All diese Themen basieren auf stark fundierten,
individuellen Wertvorstellungen, die fest in der Identität
einer Person verankert sind. Ein Gesetz muss sich jedoch
auf einen Standpunkt festlegen (Budde 2015: 3). Das hohe
Konfliktpotential im politischen Diskurs ist daher automatisch
vorprogrammiert. Deshalb ist es umso wichtiger genauer zu
untersuchen, wie die Sprache in diesem bestimmten Diskurs
genutzt wird, denn wir verwenden Sprache, um eine Realität
zu konstruieren (Gee 2011). Dies gilt auch für den Diskurs der
Abtreibungsdebatte. Hier stellen Abtreibungsgegner:innen
eine eigene Diskurs-Community dar, welche gezielt die
Sprache nutzen, um ein gewisses Frauenbild zu konstruieren,
das ihren Wertvorstellungen entspricht. Darauf soll im
folgenden Abschnitt genauer eingegangen werden.

**Das Recht des vorgeburtlichen Lebens gegen
das Recht der Frau auf Selbstbestimmung**
Bei einem Schwangerschaftsabbruch sind immer zwei
Leben betroffen, das des Fötus bzw. Embryos und das der
Frau. Dabei stellt sich die Frage, ab wann ein Lebewesen
zu einem Menschen wird und uneingeschränkte Rechte
erhalten soll. Grundsätzlich gilt: Je früher der Zeitpunkt
im Prozess der vollständigen Menschwerdung ist, desto

stärker werden die Rechte der Frau gewichtet (Budde 2015).
Diese Konstellation führt dazu, dass immer das Recht
des einen Lebens gegen das Recht des anderen Lebens
abgewogen werden muss. Abtreibungsgegner:innen sehen
in der bedingten Lebensfähigkeit des Fötus/Embryos
eine besondere Schutzverpflichtung, die falls nötig auch
gegen den Willen der Frau durchgesetzt werden muss
(Busch 2015: 33). Deshalb ist es nachvollziehbar, dass die
Argumente der Abtreibungsgegner:innen eher selten auf
die Rechte der Frau eingehen, weil dies das Hauptargument
der Berfürworter:innen darstellt. Der Diskurs der Pro-Life
Befürworter:innen konzentriert sich hingegen stark darauf
den Fötus/Embryo als ein Rechtssubjekt zu konstruieren und
zu politisieren (Schmitter 2014: 132-133). Dieser Fokus hat sich
mit der Entwicklung moderner Visualisierungstechnologien
wie dem 3D-Ultraschall weiter zugespitzt, in dem die
bildliche Darstellung des vorgeburtlichen Lebens
deutlich vereinfacht wurde (Hopkins et al. 2005: 396).

Zusätzlich wird das vorgeburtliche Leben im Körper
einer Frau als schutzloser und sichtbarer Mensch
instrumentalisiert, während der Körper der Frau und
die Frau als Mensch unsichtbar wird (Schmitter 2014:
134-138). Die Verbildlichung des Fötus bzw. des Embryos
betont die Wichtigkeit des vorgeburtlichen Lebens,
welches es als soziales Gut zu schützen gilt. Basierend
auf diesen Argumenten müsste das Recht der Frau auf
Selbstbestimmung notwendigerweise dem Lebensrecht des
Fötus und Embryos unterliegen. Die Rangfolge wird daher
aus dem Diskurs der Abtreibungsgegner:innen deutlich.
Deshalb kann folgende Proposition aufgestellt werden:

*P1: Abtreibungsgegner:innen sehen das Recht der
Frau auf Selbstbestimmung als sekundär an.*

Von der Täterin zur verzweifelten Frau

Eine weitere Besonderheit der Schwangerschaft ist, dass
nur ein Geschlecht, die Frau schwanger werden kann. Als
unumgänglicher Bestandteil der menschlichen Reproduktion
ist die Schwangerschaft aber von Interesse für die ganze
Menschheit (Budde 2015: 5). Daher besteht im Diskurs
zum straffreien Schwangerschaftsabbruch oft die Gefahr,
dass Frauen ausschliesslich auf die Sexualität und die
Reproduktion reduziert werden (Budde 2015: 5). Vor den
1960er Jahren waren bevölkerungspolitische Diskurse deshalb
auch stark mit den Ideen des Nationalismus verbunden.
Die Erhaltung der Bevölkerung war ein zentraler Faktor
für die Stabilität der Nation, weshalb sich Gegner:innen
der Abtreibung immer wieder auf dem Argument der
Volksgesundheit stützten (Hahn 2015: 47). Gegen Ende der
1960er Jahre, auch im Zusammenhang mit moderneren
Verhütungsmethoden wie der Pille, trat das Argument des
Volkswohls zunehmen in den Hintergrund. Stattdessen
wurde die Individualisierung zu einem immer zentraleren
Aspekt im Abtreibungsdiskurs. Es wurde vermehrt das
Argument der individuellen Belastung der Frauen genutzt,
um auf psychische Folgen von Schwangerschaftsabbrüchen
aufmerksam zu machen (Hahn 2015: 48-49).

Gleichzeitig fiel das Bild einer Frau, die ihre Schwangerschaft
bewusst vorzeitig abgebrochen hat, besonders negativ aus.
Die Bezeichnung «straffreier Schwangerschaftsabbruch»
zeigt bereits auf, dass ein Abort grundsätzlich als
kriminelles Delikt aufgefasst wurde und die Frau somit

als Täterin verstanden wurde (Helfferich 2015: 65). So
war es im Abtreibungsdiskurs nicht unüblich, dass
Frauen auch als «Kindsmörderinnen» bezeichnet wurden
(Schmitter 2014: 138). Dieser Diskurs wurde vor allem von
der christlichen Religion geprägt, welche sich stark gegen
die Abtreibung als Mord positionierte (Budde 2015: 6).

Mit der Entkriminalisierung wurde jedoch eine neue
Perspektive hinzugefügt und die Frau stärker im Diskurs
miteinbezogen (Helfferich 2015: 65). Dies führte zur Frage,
weshalb sich eine Frau überhaupt dafür entscheidet
eine Schwangerschaft abzubrechen. Im Diskurs der
Abtreibungsgegner:innen werden die Entscheidungen der
Frauen jedoch selten als rationale und gut durchdachte
Abwägungen dargestellt (Helfferich 2015: 71-72). Viel eher
wird ein Bild einer verzweifelten Frau, die sich in einer
Notsituation befindet, konstruiert. Dadurch wird eine
Verbindung zwischen einer armen und überlasteten Frau
geschaffen, die sich ohne weitere Überlegungen für einen
Abort entscheidet (Helfferich 2015: 70; Schmitter 2014: 139).
Dies wiederum soll die Wichtigkeit aufzeigen, dass man
diese Frauen vor einer «unüberlegten Tat» schützen muss.
Der Diskurs der Abtreibungsgegner:innen hat sich daher
von einem kriminellen zu einem verzweifelten Frauenbild
entwickelt. Der Fokus auf den direkten Vorwurf an die Frauen
ist schwächer geworden. Hingegen wird stärker betont, dass
den «verzweifelten» Frauen geholfen werden und man sie
vor dem grossen Fehler der Abtreibung schützen muss.

Gleichzeitig festigt der Diskurs zur Abtreibung auch das
Geschlechterbild. Während die Schwangerschaft bzw. die
Geburt als die natürliche Aufgabe des weiblichen Geschlechts
beziehungsweise des weiblichen Körpers aufgefasst wird,

wird die Abtreibung hingegen als Krankheit verstanden.
Die Betonung von dramatischen psychischen Folgen nach
einer Abtreibung fügt sich daher der Vorstellung der Frau
als emotionales und sensibles Geschlecht, welches nach
einem Schwangerschaftsabbruch die fürsorgliche Rolle als
Mutter nicht mehr gleich ausüben kann (Hahn 2015: 55).
Basierend darauf können folgende Propositionen
aufgestellt werden:

*P2:Abtreibungsgegner:innen nutzen das Bild einer verzweifelten
und leichtfertigen Frau, um ihre Pro-Leben Argumente zu stärken.*

*P3: Abtreibungsgegner:innen gehen von einem
abwertenden und unmündigen Frauenbild aus.*

Daten und Methode
Zur Beantwortung der Fragestellung wird eine qualitative
Methode angewendet. Für den vorliegenden Beitrag werden
die Argumente der Initiant:innen der neu angekündigten
Initiativen *Einmal darüber schlafen* (2022a) und *Lebensfähige
Babys retten* (2022b) mittels einer Diskursanalyse untersucht.
Im Zentrum steht dabei, wie das Bild der Frau im Kontext zur
Abtreibungsdebatte der Gegner:innen wahrgenommen und
gedeutet und als selbstverständlicher und legitimer Diskurs
genutzt wird. Beide Initiativen wurden von Mitgliedern der
SVP lanciert. Die Initiative *Einmal darüber schlafen* fordert,
dass Ärzt:innen vor einem Schwangerschaftsabbruch der
schwangeren Frau mindestens einen Tag Bedenkzeit geben
und diese über sämtliche Beratungs- und Hilfsstellen,
welche psychologische, finanzielle oder materielle
Hilfe anbieten, informieren. Die *Lebensfähige Babys
retten* Initiative fordert, dass nach Ablauf der ersten drei

Schwangerschaftsmonate alle Bestimmungen ausser Kraft treten, die den Schwangerschaftsabbruch zu einem Zeitpunkt zulassen, in dem das Kind ausserhalb des Mutterleibes, allenfalls unter Einsatz intensivmedizinischer Massnahmen, atmen kann. Beide Initiativen haben das Ziel die aktuell gültigen Rechte von schwangeren Frauen einzuschränken, um das Recht der ungeborenen Kinder zu stärken. Als Textkorpus für die Diskursanalyse werden die jeweiligen Webseiten der Initiant:innen verwendet. Die Untersuchung der beiden Initiativen über die Webseite eignet sich, um die Debatte des straffreien Schwangerschaftsabbruchs in der Schweiz aufzuführen. Einerseits weil sie Bezug auf die gültige Rechtslage nehmen und andererseits, weil sie auf die Aktualität des Diskurses hinweisen. Weiter ist mit der Analyse der Webseiten gewährleistet, dass die wichtigsten Argumente der Abtreibungsgegner:innen aufgeführt und prominent platziert sind. Interessant ist es daher auch die Grafiken auf den Webseiten in die Analyse miteinzubeziehen, denn diese dienen zur Unterstützung der Argumentation. Gleichzeitig ist festzuhalten, dass die Analyse dadurch sehr einseitig ausfällt. Zwar ist es das Ziel das Frauenbild im Diskurs der Abtreibungsgegner:innen zu untersuchen, jedoch können dadurch auch keine direkten Interaktionen bzw. Reaktionen untersucht werden, wie dies beispielsweise bei einer Debatte der Fall ist. Trotzdem zeigen beide Webseiten der Initiativen auf, dass in der Schweiz das Bedürfnis für Diskussionen um den straffreien Abort bestehen bleibt, weshalb eine Untersuchung des aktuellen Diskurses weiterhin relevant ist.

Für die Methodik orientiert sich die Diskursanalyse an den *Seven Building Tasks* und *Tools of Inquiry* nach James Paul Gee (2011: 15-42). Dieses Vorgehen ermöglicht die Validität der Diskursanalyse. Über die Sprache werden mit Hilfe der *Seven*

Building Tasks verschiedene Aspekte der Realität konstruiert
(Gee 2011: 17). Darunter versteht Gee, dass wir beim Sprechen
oder Schreiben, sieben Bereiche der «Realität» konstruieren.
Eine Diskursanalyse kann deshalb sieben verschiedene
Fragen zu einem beliebigen Stück Sprache stellen, die auf
den folgenden Bauaufgaben basieren: *Significance, Practices
(Activities), Identities, Relationships, Politics (the distribution
of social goods), Connections, Sign Systems* und *Knowledge* (Gee
2011: 17-19). Die *Seven Building Tasks* sind alle eng miteinander
verknüpft und werden oft gleichzeitig durch dieselben Wörter
und Sätze, die in der Sprache verwendet werden, unterstützt.
Wenn eine Person Sprache verwendet, tut sie dies auf eine Art
und Weise, die den Konventionen entspricht, namentlich den
grammatikalischen Regeln, und gleichzeitig einzigartig ist,
indem sie zum Ausdruck bringt, was diese Person zu sagen
hat und wie sie es sagen möchte (Gee 2011: 16-17). So kann
beispielsweise durch Sprache eine *Connection* geschaffen
werden, um die Relevanz zweier miteinander verbundenen
Dinge aufzuführen. Oder wir können Sprache nutzen, um die
Verteilung von *Social Goods* zu vermitteln, indem wir über
die Sprache aufzeigen, ob wir etwas als angemessen, normal
und richtig empfinden oder eben nicht. Unter *Social Goods*
versteht Gee daher Einstellungen und Handlungen, die eine
Gesellschaft anstrebt und wertschätzt (Gee 2011: 19). Sprache
stellt daher nicht nur Informationen zur Verfügung, sondern
ist immer eng mit Handlungen und Identität verknüpft.

Mit Hilfe der *Tools of Inquiry* soll die Frage beantwortet
werden, wie Sprache genutzt wird, um die *Seven Building Tasks*
abzubilden (Gee 2011: 121). Dazu gehören *Social Languages,
Discourses, Conversations, Intertextuality, Situated Meaning* und
Figured World. Sie können als Werkzeuge verstanden werden,
um herauszufinden, wie Personen Identitäten bilden und sich

verhalten sowie Identitäten und Verhalten anderer Personen um sich herum erkennen beziehungsweise anerkennen. Beispielsweise verwenden wir *Conversations*, die sich auf bestimmte Ideen oder Motive beziehen, die in der Gesellschaft kursieren und aufgrund ihrer Allgemeingültigkeit eine gewisse Relevanz erhalten (Gee 2011:29). Oder wir sprechen in unterschiedlichen sozialen Gruppen oder Situation verschiedene *Social Languages* und passen uns daher den verschiedenen Identitäten und Kontexten an (Gee 2011: 28).

Grundsätzlich ist festzuhalten, dass in der Diskursanalyse zwar die Annahme besteht, dass über den Diskurs individuelles und gesellschaftliches Wissen vermittelt wird. Wissen wird in dieser Form allerdings nicht als absolut wahr und unverändert verstanden. Vielmehr gilt es als Ergebnis einer historischen Entwicklung und diskursiver Aushandlungsprozesse, welche sich fortlaufend verändern können (Hahn 2015: 43). Eine Diskursanalyse kann deshalb die Realität nie eins zu eins abbilden. Sie ist eher als eine Interpretation einer Interpretationsarbeit, die bestimmte Personen in bestimmten Kontexten geleistet haben, zu verstehen. Mittels der Diskursanalyse können aber die theoretisch hergeleiteten Propositionen untermauert werden, indem aufgezeigt wird, wie die *Tools of Inquiry* die *Seven Building Tasks* darstellen, die unsere Behauptung stützten (Gee 2011: 122-123).

Abbildung 1: Initiative «Einmal darüber Schlafen» (Quelle: https://einmal-darueber-schlafen-initiative.ch)

Abbildung 2: Ziel der Initiative «Einmal darüber Schlafen» (Quelle: https://einmal-darueber-schlafen-initiative.ch)

Diskursanalyse

Einmal darüber Schlafen

Die Startseite der *Einmal darüber schlafen* Initiative führt direkt das Anliegen und das Ziel der Initiant:innen auf. Sie fordern einen Tag mehr Bedenkzeit vor jedem

Schwangerschaftsabbruch und wollen dadurch das Risiko
vor überstürzten Entscheidungen minimieren. Damit wird
die Relevanz des Ziels für die Abtreibungsgegner:innen
direkt ersichtlich, in dem es prominent auf der Startseite
präsentiert wird. Zusätzlich schafft der Ausdruck «einmal
darüber schlafen» einen Bezug zu etwas das für alle bekannt
ist. Der Satz «schlaf nochmals darüber» oder «ich muss
nochmals eine Nacht darüber schlafen» kennen die meisten
Personen und oft hat das Einmal-Darüber-Schlafen vielen
Menschen auch schon geholfen, die richtige Entscheidung
zu treffen. Die Konversation wird in diesem Fall gezielt
genutzt, um einen positiven Bezug für das Anliegen der
Initiant:innen zu erstellen. Untermauert wird das Anliegen
von zwei unterschiedlichen Bildern. Abbildung 1 zeigt eine
nachdenkliche Frau, während Abbildung 2 eine Frau beim
Schlafen darstellt. Die Bilder schaffen einen deutlichen
Bezug zum Text. Einmal wird eine nachdenkliche und
traurige Frau, die ihre Entscheide bedenkt und einmal die
Frau, die mit einem Lächeln auf dem Gesicht schläft und
keine Entscheide überstürzt, dargestellt. Mittels Bild und
Überschrift wird demnach eine Verbindung geschaffen,
die die Relevanz des «einmal darüber schlafen» und den
einhergehenden positiven Effekt auf die Frau aufführen soll.

Durch Text und Bild ist zu erahnen, dass die Initiant:innen von
einem eher «verzweifelten» und «leichtfertigen» Frauenbild
ausgehen. Dies wird besonders dadurch deutlich, indem
das Argument genutzt wird, dass nur schon eine Nacht den
ganzen Entscheidungsprozess einer Frau verändern kann
und damit künftig bis zu 1'000 Babys gerettet werden können
(Initiativkomitee «Einmal-darüber-schlafen-Initiative»,
2022a). Obwohl die Initiant:innen darauf verweisen, dass
das einmal darüber schlafen zum Schutz der Mutter erfolgt,

zeigen die Forderung auch auf, dass sie davon ausgehen,
dass sich die Frauen zuvor nicht oder zu wenig mit dem
Schwangerschaftsabbruch auseinandergesetzt haben.
Die Haltung wird noch deutlicher, wenn die Argumente
der Initiant:innen auf der nächsten Unterseite genauer
betrachtet werden. So verweisen die Abtreibungsgegner:innen
immer wieder darauf hin, dass Frauen, die sich für
einen Schwangerschaftsabbruch entscheiden, diese
Entscheidung im Nachhinein bitter bereuen werden:

> «Einmal darüber schlafen» ist eine Volksweisheit,
> die vor unüberlegten Entscheiden schützen
> soll. Gerade im Schwangerschaftskonflikt soll
> diese Weisheit schwangeren Frauen helfen,
> keine Entscheide unter Druck oder Stress zu
> treffen, die sie nachher bitter bereuen. Nach
> einer Bedenkzeit von mindestens einem Tag
> zwischen der ärztlichen Beratung und dem
> Eingriff ändern schätzungsweise 1'000 Frauen
> pro Jahr in der Schweiz ihre Absicht abzutreiben
> und sagen Ja zum Kind. 1'000 Kinderleben retten
> – das will diese Volksinitiative! (Initiativkomitee
> «Einmal-darüber-schlafen-Initiative», 2022a)

Weiter wird mit der Bezeichnung «Volksweisheit»
versucht eine Verbindung zum sozialen Gut des
Nationalgefühls zu erschaffen. Dadurch wird der Kontext
eines Schwangerschaftsabbruchs auf eine höhere Ebene
getragen. Es geht nicht mehr allein um einen Entscheid
einer einzelnen Frau, sondern es wird zum Ausdruck
gebracht, dass unüberlegte Entscheide in der Gesellschaft
als unangemessen oder schlecht aufgefasst werden. Wie
stark es dieses soziale Gut zu schützen gilt, wird dadurch

deutlich, dass die Initiant:innen per Gesetz fordern in
den Entscheidungsprozess einer Frau einzugreifen.
Dadurch wird das Recht der Frau auf Entscheidungsfreiheit
dem Willen der Gesellschaft untergeordnet, um
das Recht des ungeborenen Kindes zu stärken.

Lebensfähige Babys retten

Auch bei der Initiative *Lebensfähige Babys retten* wird das
Hauptanliegen der Initiant:innen prominent auf der Startseite
platziert. Gefordert wird der Schutz für Babys, die ausserhalb
des Mutterleibs lebensfähig wären. Mittels der Initiative
sollen demnach die Grundrechte lebensfähiger Babys
sichergestellt werden. Damit verwenden die Initiant:innen ein
klassisches Pro-Life Argument, welches die starke Relevanz
des vorgeburtlichen Lebens aufzeigt. Die Initiant:innen setzen
bewusst auf eine einseitige Diskussion der Argumente:

> Ein bereits ausserhalb des Mutterleibes
> lebensfähiges Baby soll ein absolutes
> Recht auf Leben haben. (Initiativkomitee
> «Lebensfähige-Babys-retten-Initiative», 2022b)

Die starke Betonung auf «lebensfähig» schafft einen direkten
Bezug zum aktuellen Abtreibungsdiskurs. Es verweist auf die
Frage, welches Leben mehr Recht erhalten soll. Gleichzeitig
wird mit dem Begriff «lebensfähig» versucht, die Verbindung
von Mutter und Kind zu trennen, indem argumentiert
wird, dass das Kind auch ohne Mutter lebensfähig ist. Das
ungeborene Kind und die Mutter bedingen sich allerdings
gegenseitig. Obwohl das ungeborene Kind wiederholt genannt
wird, wird die Rolle der Frau beziehungsweise der Mutter
auf der ganzen Webseite der Initiative kaum erwähnt. Die

Forderungen widerspiegeln ebenso die sozialen Werte der
Abtreibungsgegner:innen. Der Schutz des vorgeburtlichen
Lebens steht über dem Status der Frau. Das Recht der Frau
wird damit sekundär. Zusätzlich wird das vorgeburtliche
Leben im Körper einer Frau als schutzloser, aber lebensfähiger
Mensch instrumentalisiert, während die Frau als Mittel zum
Zweck auf den Mutterleib reduziert wird. Die Verbildlichung
des Fötus als eigenständiges Lebewesen betont hingegen
deutlich die Wichtigkeit des vorgeburtlichen Lebens, welches
es für die Initiant:innen als soziales Gut zu schützen gilt:

> Wer Abtreibung aus dem Strafgesetzbuch
> streichen will, fährt die Menschenwürde
> des ungeborenen Kindes an die Wand!
> (Initiativkomitee «Lebensfähige-
> Babys-retten-Initiative», 2022b)

Der Ausdruck «Menschenwürde» verweist nochmals
sehr deutlich auf die gezielte Sprachnutzung der
Abtreibungsgegner:innen zur Politisierung des Fötus als
Teil der Gesellschaft. Weiter wird die soziale Relevanz
des Schutzes für das vorgeburtliche Leben durch die
Redewendung «etwas an die Wand zu fahren» verstärkt.
Der Verweis auf das Strafgesetzbuch schafft zusätzlich
die Verbindung zum Fötus als Rechtssubjekt und dem
Schwangerschaftsabbruch als kriminelle Handlung.

Diskussion

Die Analysen der Webseiten der beiden Initiativen lassen auf
einen bestimmten Diskurs der Abtreibungsgegner:innen
schliessen. Geleitet durch die unterschiedlichen Ziele der
Initiant:innen werden bestimmte Argumentationen und Bilder

unterschiedlich genutzt. Während die Befüworter:innen
der *Einmal darüber schlafen* Initiative den Diskurs auf einem
verzweifelten und unmündigen Frauenbild aufbauen,
argumentieren die Initiant:innen der *Lebensfähige Babys
retten* stärker auf dem Recht des vorgeburtlichen Lebens
und versuchen die Rolle und Rechte der Frau im Diskurs
stark zu reduzieren. Die Proposition P1 wird daher
hauptsächlich durch die Analyse der *Lebensfähige Babys
retten* Initiative gestützt und die Proposition P2 und P3
auf der Analyse der *Einmal darüber schlafen* Initiative.
Besonders interessant ist allerdings, dass die *Einmal darüber
schlafen* Initiative sehr stark auf die Rolle der Frau eingeht
und nicht nur auf der Pro-Life Ebene argumentiert.

Erkennbar ist weiter, dass eine bestimmte soziale Sprache
gezielt benutzt wird, um auf die Wertvorstellungen der
Initiant:innen hinzuweisen. So wird beispielsweise durch
Ausdrücke wie «Volksweisheit» oder «Menschenwürde» die
soziale Relevanz der Thematik verstärkt. Die Verwendung
von Redewendungen wie «einmal drüber schlafen»
oder «etwas an die Wand fahren» schaffen zugängliche
Assoziationen für Jeden und Jede. Zwar zeigt die Analyse auf,
dass Abtreibungsgegner:innen weiterhin eine Trennung von
Mutter und Kind anstreben – was nachvollziehbar ist, denn
ihr Ziel ist es in erster Linie das Recht der vorgeburtlichen
Lebens zu schützen – jedoch bleibt die Rolle der Frau nicht
nur ausschliesslich sekundär und wird im Diskurs der
Abtreibungsgegner:innen vermehrt miteinbezogen.

Fazit

Die Frage nach dem straffreien Schwangerschaftsabbruch
ist und bleibt sowohl in der Gesellschaft wie auch in der

Politik ein hoch emotionalisiertes Thema. Das hohe Konfliktpotential im politischen Diskurs ist daher vorprogrammiert. Während sich die Argumente der Befürworter:innen stark auf die Entscheidungsfreiheit der Frau konzentrieren, betonen die Gegner:innen das Recht des vorgeburtlichen Lebens. Ziel dieser Arbeit war es deshalb zu untersuchen, wie Abtreibungsgegnier:innen die Rolle der Frau im Abtreibungsdiskurs wahrnehmen.

Die Ergebnisse der Diskursanalyse stützen die bisherige Theorie. Es konnte aufgezeigt werden, dass Abtreibungsgegner:innen die Rolle der Frau im Diskurs stark sekundär wahrnehmen und das Recht des Fötus über dem der Frau stellen. Wenn Frauen im Diskurs erwähnt werden, dann ist dieses Bild negativ behaftet, indem sie als «verzweifelt» und «impulsiv» dargestellt werden oder die Frau wird auf ihren Körper als Mutterleib reduziert und somit als eigenständiger und vollständiger Mensch unsichtbar.

Gleichzeitig muss erwähnt werden, dass es sich hierbei nur um eine bestimmte Gruppe der Abtreibungsgegner:innen handelt und diese Arbeit deshalb nicht allgemeingültige Ergebnisse präsentiert. Trotzdem zeigt die Analyse deutlich auf, dass Sprache gezielt genutzt werden kann, um ein bestimmtes Narrativ zu verstärken und eine Realität zu konstruieren, die die Wertvorstellung der Abtreibungsgegner:innen im aktuellen politischen Abtreibungsdiskurs in der Schweiz widerspiegelt.

Referenzen

BFS (2022): Statistik des Schwangerschaftsabbruchs.
(https://www.bfs.admin.ch/bfs/de/home/statistiken/
gesundheit/gesundheitszustand/reproduktive/
schwangerschaftsabbrueche.html [Stand 01.09.2022]).

Budde, Emma T. (2015): Abtreibungspolitik in Deutschland,
Ein Überblick. Springer Fachmedien, Wiesbaden.

Busch, Ulrike (2015): Vom individuellen und gesellschaftlichen
Umgang mit dem Thema Abtreibung. In: Busch, Ulrike, und
Hahn, Daphne (Hrsg.): *Abtreibung. Diskurse und Tendenzen*.
Bielefeld: Transcript Verlag,13-40.

EKF, Eidgenössische Kommission für Frauen Fragen (2001):
Frauen Macht Geschichte. Zur Geschichte der Gleichstellung in
der Schweiz 1848-2000, 3.8 Schwangerschaftsabbruch, Bern.

Gee, James Paul (2011): An Introduction to Discourse Analysis.
New York, Routledge.

Hahn, Daphne (2015): Diskurse zum Schwangerschaftsabbruch
nach 1945. Wie gesellschaftlich relevante (Be-)Deutungen
entstehen und sich verändern. In: Busch, Ulrike, und Hahn,
Daphne (Hrsg.): *Abtreibung. Diskurse und Tendenzen*. Bielefeld:
Transcript Verlag,41-59.

Helfferich, Cornelia (2015): Schwangerschaftsabbruch und
empirische Forschung. Zur gesellschaftlichen Konstruktion
eines Forschungsstandes im Schatten moralischer Diskurse.
In: Busch, Ulrike, und Hahn, Daphne (Hrsg.): *Abtreibung.
Diskurse und Tendenzen*. Bielefeld: Transcript Verlag,61-82.

Hopkins, Nick, Zeedyk, Suzanne und Raitt, Fiona (2005): Visualising abortion: emotion discourse and fetal imagery in a contemporary abortion debate, *Social Science & Medicine* 61 (2005) 393–403.

Minelli, Michèle (2000): Tabuthema Abtreibung. Informationen, Fakten, Adressen, Bern.

Schmitter, Leena (2014): Politiken der Reproduktion. Die Frauenbewegung und die Liberalisierung des Schwangerschaftsabbruchs in der Schweiz (1971-2002), Bern.

Sexuelle Gesundheit Schweiz: Schwangerschaft abbrechen. (https://www.sexuelle-gesundheit.ch/themen/ schwangerschaft-gewollt-ungewollt/abbrechen [Stand 26.08.2022]).

SGRA, Schweizerische Gesellschaft für das Recht auf Antreibung (1991): Schwangerschaftsabbruch in der Schweiz. Gesetz, Anwendung und Prävention, Bern und Lausanne.

Statista (2022): Anzahl der Schwangerschaftsabbrüche in der Schweiz nach Altersgruppen von 2007 bis 2021. (https:// de.statista.com/statistik/daten/studie/388831/umfrage/ schwangerschaftsabbrueche-in-der-schweiz-nach-dem-alter/ [Stand 01.09.2022]).

Turuban, Pauline (2022): Recht auf Abtreibung: Wo steht die Schweiz? In Swissinfo.ch: (https://www.swissinfo.ch/ger/ recht-auf-abtreibung-wo-steht-die-schweiz-/47719888 [Stand: 26.08.2022]).

Vanderford , Marsha L. (1989): Vilification and social movements: A case study of pro-life and pro-choice rhetoric, Quarterly Journal of Speech, 75:2, 166-182.

Textquellen
Initiativkomitee «Einmal-darüber-schlafen-Initiative» (2022a): Einmal darüber Schlafen Initiative. (https://einmal-darueber-schlafen-initiative.ch [Stand 28.06.2022]).

Initiativkomitee «Lebensfähige-Babys-retten-Initiative» (2022b): Lebensfähige Babys Retten Initiative. (https://lebensfaehige-babys-retten-initiative.ch [Stand 28.06.2022]).

(4)

«Nicht das Trinkwasser ist vergiftet, nur die Diskussion darüber»
Eine Diskursanalyse des Abstimmungskampfes zur Trinkwasserinitiative

Priska Schuler

Einleitung

Am Sonntag 13. Juni 2021 stimmte die Schweizer Bevölkerung über zwei Initiativen ab. Zum einen war das die «Initiative für eine Schweiz ohne synthetische Pestizide» (PI), welche deren Einsatz verbieten wollte. Zum anderen ging es um die Trinkwasserinitiative, genauer gesagt um die Volksinitiative «Für sauberes Trinkwasser und gesunde Nahrung – Keine Subventionen für den Pestizid- und den prophylaktischen Antibiotika-Einsatz» (TWI). Diese wollte die ökologischen Auflagen für den Erhalt von Direktzahlungen erhöhen. Konkret hätten nur noch landwirtschaftliche Betriebe, welche pestizidfrei produzieren, ohne vorbeugenden Antibiotikaeinsatz in der Tierhaltung auskommen und ihren Tierbestand nur mit Futter vom eigenen Betrieb ernähren können, noch Direktzahlungen erhalten (Bundeskanzlei 2021). Beide Initiativen scheiterten deutlich mit mehr als 60% Nein-Stimmen (Bachmann 2021, 6'42).

Das Klima während des Abstimmungskampfs war sehr gehässig. Bezeichnend dafür ist der Titel eines Leserbriefes in der *Bauernzeitung*: «Nicht das Trinkwasser ist vergiftet, nur die Diskussion darüber» (Murer 2021). Die Verharmlosung der Trinkwasserverschmutzung dürfte nicht unbedingt zur Normalisierung des Tones beigetragen haben, insofern ist dieses Zitat Ursache und Folge des aggressiven Abstimmungskampfes zugleich. Es kam auf beiden Seiten zu verschmierten oder sogar verbrannten Plakaten, Beleidigungen und verbalen Angriffen bis hin zu Morddrohungen. Das Ausmass dieser Ausuferungen und der Ton und die Emotionalität im Abstimmungskampf war sehr aussergewöhnlich, insbesondere für die politische Kultur der Schweiz (Humbel 2021; Jaberg 2021). Die Ausgangsfragestellung des vorliegenden Kapitels lautet deshalb:

Warum kam es bei den beiden Agrarinitiativen im Juni 2021 zu einem so aggressiven Abstimmungskampf?

Erklärungsansätze von Experten für die Aggressivität des Abstimmungskampfs finden sich bereits während des Abstimmungskampfs. So wird diese beispielsweise von Cloé Jans vom Forschungsinstitut gfs.bern mit dem klassischen Stadt-Land-Konflikt zu erklären versucht (Humbel 2021, 12'50). Auch Lukas Golder vom selben Institut betont die Polarisierung zwischen Stadt und Land (Sibold 2021). Der Historiker und Politikwissenschaftler Claude Longchamp bestätigt diese Meinungen. Er sieht weitere Ingredienzen im *Negative Campaigning*, wo nicht mehr die Vorteile der eigenen Position beworben, sondern die politischen Gegner direkt angegriffen werden. Das Ganze würde durch eine Verlagerung des Abstimmungskampfes in die sozialen Medien noch verstärkt (Kramer 2021). Jans führt diese Überlegung weiter aus: Durch die Anonymität des Internets sei es sehr viel einfacher Leute direkt anzugreifen und unschöne Dinge zu sagen. Dazu komme eine immer personalisiertere Politik. Konkrete Personen an der Front seien einfacher angreifbar als abstrakte Ideen oder Werte (Humbel 2021, 12'15). Alle diese

Erklärungsversuche sind sicherlich nachvollziehbar. Aber, *Negative Campaigning*, Digitalisierung oder personalisierte Politik finden sich auch bei anderen politischen Vorlagen. Dasselbe gilt für den Stadt-Land-Graben, der nicht nur bei landwirtschaftlichen Themen eine Rolle spielt. Insofern ist zu bezweifeln, dass diese allgemeinen Ansätze für diesen spezifischen Fall aussagekräftig genug sind.

In dieser Arbeit wird darum ein anderer Ansatz verfolgt, nämlich der einer politischen Diskursanalyse. Die Ausgangsfragestellung richtet sich auf die Form und Performanz der Agrarinitiativen und nicht unbedingt auf deren Inhalte. In diesem Fall sind die beiden aber stark miteinander verknüpft. Die Polarisierungstendenzen lassen sich nicht davon trennen, was verhandelt wird und wie dabei über den Sachverhalt gesprochen wird. Aus diesem Grund wird hier auf beiden Ebenen argumentiert. Meiner Meinung nach lässt sich die Aggressivität im Abstimmungskampf auf die den Initiativen zugrundeliegenden Ideen und Vorstellungen zurückgeführt werden. Es prallen zwei unterschiedliche Sichtweisen aufeinander, die enormes Polarisierungspotenzial beinhalten. Es geht dabei um die Wahrnehmung der Schweizer Agrarpolitik und der Schweizer Bauern. Auf der einen Seite werden die Bauern und ihr Tätigkeitsfeld als Objekt der Agrarpolitik gesehen, deren Gestaltung der gesamten Gesellschaft mittels des politischen Prozesses zukommt. Entgegengesetzt dazu werden die Bauern und deren politische Vertretung auf der anderen Seite als Subjekte, das heisst als gestaltende Kraft hinter der Agrarpolitik wahrgenommen. Geht es dann um die Frage der Verantwortlichkeit für Probleme sind grosse Differenzen vorprogrammiert. Mit einer Diskursanalyse sollen diese Sichtweisen und

deren Auswirkungen auf den Abstimmungskampf
genauer identifiziert und interpretiert werden.

Dieser Ansatz einer Diskursanalyse bietet mehrere Vorteile.
Gerade die Verschränkung von Inhalt und Performanz
lässt sich gut mit einer Diskursanalyse untersuchen, da
sie auf beiden Ebenen operiert. Auch die Identifizierung
und Interpretation von Sichtweisen lassen sich gut mit
Diskursanalysen durchführen. Der Ansatz versteht
sich zudem als Ergänzung zu den bereits ausgeführten
Erklärungsversuchen und kann seinen Teil zum Verständnis
des aggressiven Abstimmungskampfs beitragen. Auf einer
höheren Ebene lässt sich der aggressive Abstimmungskampf
als Indiz für die Entwicklung der Schweizer Demokratie
von einer «consociational» hin zu einer mehr «centrifugal
democracy», wie Vatter (Vatter 2016) beobachtet, werten.
Der Ansatz einer Diskursanalyse kann hier wertvolle
Ausgangspunkte zur Erforschung dieser Entwicklung bieten.

Sowohl die TWI als auch die PI verfolgten dasselbe Ziel,
nämlich die Reduktion des Einsatzes von Pestiziden. Bei
der PI wurde nicht zwischen den Anwendern solcher
Pestizide differenziert, wohingegen sich die TWI explizit
nur an die Landwirtschaft richtete. Trotzdem dominierte
die Sichtweise von der Landwirtschaft als hauptsächliche
Ausbringerin von Pestiziden den öffentlichen Diskurs. Aus
diesem Grund wurden beide in den Medien und öffentlichen
Diskussionen oft in denselben Topf geworfen. Viel war die
Rede von «den beiden Agrarinitiativen», obwohl nur die
TWI explizit auf die Landwirtschaft zielte. Die Schweizer
Bevölkerung sah das ähnlich, sie lehnte die Initiativen
mit einem fast identischen Nein-Stimmen-Anteil ab. Viel
dazu beigetragen haben dürfte die grossangelegte NEIN-

Kampagne des Schweizerischen Bauernverbandes (SBV). Die vielen 2xNEIN-Plakate waren vor allem im ländlichen Raum kaum zu übersehen. Dabei setzte sich der SBV mit Präsident Markus Ritter viel mehr für eine Ablehnung der TWI statt der PI ein. Ritter und prominente bäuerliche Vertreter sind meistens bei Debatten um die TWI präsent, bei der PI wird das Feld anderen überlassen. Auffällig dabei ist, dass die TWI viel stärker zu polarisieren scheint. Diese Beobachtung ist schwierig zu beweisen, da wie gesagt, zwischen den beiden Initiativen kaum unterschieden wurde. Ein Indiz für diese Aussage sind die ARENA-Debatten des Schweizer Radio und Fernsehens (SRF) zu den beiden. So verlief die Diskussion zur PI deutlich ruhiger und gemässigter als diejenige zur TWI, in welcher der Moderator mehrmals beschwichtigend eingreifen musste (Brotz 2021). Die Polarisierung der TWI färbt gewissermassen auf die PI und damit auf den gesamten Abstimmungskampf ab. Diese Einschätzung deckt sich mit meinen persönlichen Erfahrungen. Aus diesem Grund wird hier primär die TWI genauer untersucht, da für die Analyse der beiden Initiativen kein Platz vorhanden ist.

Im vorliegenden Kapitel wird hauptsächlich von «Bauern» gesprochen. Auch wenn die Zahl der Männer eindeutig überwiegt, sollen die weiblichen Betriebsleiterinnen keinesfalls übergangen werden. Sie sind im Begriff der «Bauern» mitgemeint. Denn der Begriff «Bauern» bezeichnet nicht nur einen Beruf, sondern auch eine soziale Gruppe. In dieser sind neben bäuerlichen Betriebsleiter/innen auch deren Familien und Angestellte, die oft zur Familie hinzugezählt werden, inkludiert.

Herleitung des leitenden Konzepts und der Hypothese
Die TWI verlangt Änderungen an der Schweizer Agrarpolitik.
Solche Forderungen und Anpassungswünsche sind in
der Geschichte der Schweizer Agrarpolitik nichts Neues.
Die Schweizer Agrarpolitik war und ist bis heute geprägt
von leidenschaftlich geführten gesellschaftlichen
Auseinandersetzungen. Sie wird immer wieder kontrovers
diskutiert (Moser 2012). Aber was ist Agrarpolitik? Wie
kann die Schweizer Agrarpolitik definiert werden?

Eine Definition, die der historischen Dimension Rechnung
trägt, ist jene aus dem Historischen Lexikon der Schweiz:

> «Unter Agrarpolitik werden alle Massnahmen
> verstanden, die Bund, Kantone, öffentliche
> Körperschaften und berufsständische
> (Bauern) sowie politische Organisationen zur
> Gestaltung der wirtschaftlichen, sozialen und
> rechtlichen Verhältnisse in der Landwirtschaft
> unternehmen.» (Baumann und Moser 2012)

Welche Ziele die Agrarpolitik dabei verfolgt oder verfolgen soll
ist hier nicht inbegriffen. Mit gutem Grund, die Zielsetzungen
der schweizerischen Agrarpolitik haben sich im Verlaufe der
Zeit immer wieder geändert. In zunehmendem Masse wurde
dabei versucht, die Landwirtschaft gesamtgesellschaftlichen
und nationalen Interessen der Schweiz dienstbar zu
machen (Baumann und Moser 2012). Das Agrarische wurde
dabei immer mehr am Industriellen modelliert, wobei die
Eigenheiten der agrarischen Produktion mehr oder weniger
ausgeklammert wurden. Die industriekapitalistische
Wachstumswirtschaft integrierte die kontinuierlich
schrumpfende Land-Wirtschaft (Auderset und Moser 2018, 60).

Diese Entwicklung widerspiegelt sich gut im Begriff
der «Natur». Mit dem Aufstieg des Neoliberalismus ab
dem letzten Drittel des 20. Jahrhunderts kam es zu einer
epistemischen Trennung von Nahrungsmittelproduktion
und Landschaftsgestaltung. Das erlaubte die Betrachtung
sowohl der Nahrungsmittel als auch die mit der
Nahrungsmittelproduktion untrennbar verknüpfte
Gestaltung der Landschaft als Waren oder Güter, die auf
separaten Märkten gehandelt werden konnten. Beide konnten
dabei neoliberalen Effizienz- und Wachstumsimperativen
unterstellt werden. Erst diese Trennung brachte die bäuerliche
Landwirtschaft und die Ökologie in Gegensatz zueinander,
obwohl in der agrarischen Praxis die Produktion und
Reproduktion nie restlos voneinander getrennt werden
können. Dieses Dilemma führt zu einem allgemeinen
Unbehagen gegenüber der staatlichen Agrarpolitik, denn
der Aufstieg des Neoliberalismus im Agrarbereich löste
zwar laufend Probleme, schuf aber gleichzeitig immer
wieder neue Krisen (Auderset und Moser 2018, 39–40).

Diese Trennung widerspiegelt sich in heutigen
Definitionen der Agrarpolitik, welche die historische
Dimension nicht einbeziehen. Der an der ETH Zürich
lehrende Robert Huber spricht der Agrarpolitik, ähnlich
wie Baumann und Moser, mehr als nur die Funktion
einer sektoriellen Wirtschaftspolitik zu. Sie sei:

> «die Steuerung der Landwirtschaft bei
> unterschiedlichen gesellschaftlichen
> Werturteilen und Interaktionen von
> ökonomischen, ökologischen und sozialen
> Zielen über Institutionen Zeit und
> Räume hinweg.» (R. Huber 2022, 21)

Ökonomische und ökologische Ziele stehen hier
bezeichnenderweise nebeneinander. Ähnlich definiert
das Bundesamt für Landwirtschaft die Agrarpolitik.
Es formuliert das Ganze etwas einfacher:

> «Mit der Agrarpolitik schafft der Bund geeignete
> Rahmenbedingungen, dass die Schweizer
> Bauernfamilien ihre Aufgaben für die
> Gesellschaft, wie sie in der Verfassung
> (Art. 104 und 104a) festgehalten sind,
> auch erfüllen können.» (BLW 2021)

Diese Aufgaben in Artikel 104 der Bundesverfassung
sind namentlich: eine sichere Versorgung, Pflege
der Kulturlandschaft, Erhaltung der natürlichen
Lebensgrundlagen, eine dezentrale Besiedlung des Landes
und die Förderung besonders naturnaher, umwelt- und
tierfreundlicher Produktionsformen (BLW 2022). Alle diese
Punkte werden nicht über den Markt geregelt, weshalb der
Staat deren Regulierung oder Förderung übernimmt.

Die Schweizer Agrarpolitik ist damit heute als umfassende
Gesellschaftspolitik konzipiert, deren Zielsetzungen und
Inhalte, immer mit den neoliberalen Denkstrukturen im
Hintergrund, im politischen Prozess ausgehandelt werden.
Obwohl sich die einzelnen Definitionen unterscheiden,
beinhalten alle das gleiche Element. Nämlich, dass die
«Steuerung der Landwirtschaft» nicht von einigen wenigen
Personen abhängt, sondern durch eine Vielzahl an Personen,
Organisationen und Institutionen gestaltet wird.

Auswirkung auf die Bauern

Durch das Erfüllen der von der Gesellschaft formulierten Aufgaben wurden Schweizer Bauern gewissermassen zu «Arbeitern im öffentlichen Dienst», wie es Peter Moser beschreibt (Moser 2012, 620). Trotz den damit verbundenen Unterstützungsleistungen und einem gewissen Mindestmass an Sicherheit, konnte der Marginalisierungs- und Schrumpfungsprozess der Landwirtschaft nicht aufgehalten werden, teilweise wurde er sogar noch beschleunigt. Aus einer anfangs des 20. Jahrhunderts noch bedeutsamen sozialen Gruppe ist inzwischen eine verschwindende Minderheit geworden, die fast jegliches agrarpolitische Gestaltungspotenzial verloren hat (Moser 2012, 574). Die Reduzierung der Funktion des Bauern auf die Erfüllung von gesellschaftlichen Forderungen nahm der bäuerlichen Bevölkerung viel von ihrer unternehmerischen Freiheit. Bäuerliche Proteste auch gegen die staatliche Agrarpolitik finden ihre Wurzeln in dieser Tatsache (Moser 2005, 202).

Die Schweizer Landwirtschaft befindet sich in einer ambivalenten Situation. Einerseits ist sie zu einem grossen Teil von den Zahlungen der Agrarpolitik abhängig. Ohne diese wären viele der heutigen Bauernhöfe in ihrer Form nicht lebensfähig. Andererseits schränken die staatlichen Vorgaben den unternehmerischen Spielraum stark ein. In gewisser Hinsicht wird dem Betriebsleiter vorgeschrieben *was* er *wie* und *wo* zu produzieren habe. Da sich diese gesellschaftlichen Wünsche laufend verändern, ändern sich auch diese Vorschriften und der Betriebsleiter muss sich neu orientieren. Die bäuerliche Bevölkerung befindet sich in der Defensive. Sie führt einen Abwehrkampf gegen immer neue gesellschaftliche Forderungen und den daraus resultierenden Vorschriften, ohne die Agrarpolitik an sich infrage stellen zu können.

Das gilt auch für den Schweizerischen Bauernverband
(SBV), der die Interessen der bäuerlichen Bevölkerung
auf der politischen Bühne vertritt[1]. Er spielt dort in der
Tat eine wichtige Rolle. Doch sein Beitrag dient nur der
*Aus*gestaltung der Agrarpolitik und nicht der *Ge*staltung
(Baumann und Moser 2000, 159). In diesem Sinne müssen
auch die jüngsten «Erfolge» der «mächtigen Agrarlobby»
gewertet werden. Aus der Defensive heraus versucht
sie den Status quo zu verteidigen, um neue Vorschriften
abzuwehren, was ihr zum Teil auch gelingt. Sie kann die
neuen Vorschriften zwar abschwächen, damit aber den
Prozess nur etwas verlangsamen. Gesellschaftlich anerkannte
Forderungen an die Landwirtschaft werden über kurz
oder lang trotzdem den Weg zu den Bauern finden. Damit
muss die «Macht» des SBV stark relativiert werden.

Missverständnis Agrarpolitik

Die Definition der Schweizer Agrarpolitik kontrastiert
mit einer in der Gesellschaft weit verbreiteten konträren
Wahrnehmung. Die oben erwähnte «mächtige Agrarlobby»
oder wie das Peter Moser und Werner Baumann nennen,
«der Mythos von der Bauernschaft als einem Machtfaktor
ersten Ranges» (Baumann und Moser 2000, 158), ist
ein Teil davon. Diese Wahrnehmung beruht auf einem
fundamentalen Missverständnis der Schweizer Agrarpolitik.
So würde die Agrarpolitik die bäuerliche Bevölkerung auf
Kosten der Gesellschaft privilegieren. Durch verbreitete
agrar-romantische Vorstellungen sei es der «mächtigen
Bauernlobby» gelungen, die Interessen der Bauern auf die

---

1 Neben dem SBV gibt es auch noch andere Bauernvertretungen wie die
Kleinbauernvereinigung, Uniterre und weitere mit teils abweichenden Interessen.
Der SBV dominiert aber sowohl mitgliedermässig als auch in der öffentlichen
Wahrnehmung.

Gesellschaft zu übertragen und der Landwirtschaft damit
Vorteile zu verschaffen (Baumann und Moser 2000, 158).

Diese Sichtweise zieht sich durch die ganze Geschichte der
Schweizer Agrarpolitik. So zitieren Baumann und Moser
(2000, 157) die Boulevardzeitung Blick von 1996, der rhetorisch
fragt, ob denn der Staat eigentlich nur für die Bauern da
sei. Ein solcher Titel würde auch im Jahre 2021 nicht weiter
auffallen. Auch der politische Kampfbegriff der «mächtigen
Bauern- oder Agrarlobby» tritt immer wieder hervor. Wie
stark verankert diese Sichtweise in der Gesellschaft bis heute
ist, verdeutlicht ein Podcast des SRF von 2019. Schon der
Titel «Mit 7 Bauernregeln an die Macht» spricht dem SBV
eine überdimensionale Macht zu. Die Sprecherin erklärt
den Hörer/innen die Agrarpolitik, indem sie behauptet,
für Milch aus der Region würde man doppelt bezahlen:

> «Einmal an der Kasse, wenn wir sie
> kaufen, und dann noch einmal mit
> den Steuern.» (Hafner 2019, 3'29)

Innerhalb dieses Bildes einer privilegierten Bauernschaft
ist das zwar nachvollziehbar, entspricht aber nicht der
Realität. Mit den Steuern zahlen die Konsument/innen an
die Schweizer Landwirtschaft, aber eben nicht für deren
Produkte, sondern für deren gesellschaftliche Leistungen
wie Landschaftspflege oder Ernährungssicherheit, welche
die Schweizer Bevölkerung jeden Tag (allenfalls unbewusst)
konsumiert. Diese Zahlungen erlauben es der bäuerlichen
Bevölkerung, ihre Lebensmittelproduktion gewissermassen
quer zu subventionieren. Das heisst, sie können ihre Produkte
günstiger verkaufen, als sie es tatsächlich wären. Die
erbrachten Leistungen sind nun aber nicht mehr gedeckt.

Es sind folglich nicht die Bauern, die unangebrachten Profit
machen, sondern strenggenommen die Konsument/innen.

Das Missverständnis beinhaltet also die Vorstellung,
dass die Schweizer Agrarpolitik die Schweizer Bauern
einseitig auf Kosten der Gesellschaft privilegiert. Deren
«mächtige Agrarlobby» versucht dabei diese Privilegierung
beizubehalten oder sogar noch zu stärken. Diese Vorstellung
wie die Welt, in diesem Falle die Schweizer Agrarpolitik,
funktioniert, führt uns zur TWI zurück. Meine These lautet:

**Die Trinkwasserinitiative beruht auf einem
fundamentalen Missverständnis der Schweizer
Agrarpolitik, das in der Gesellschaft weit verbreitet
ist. Dieses Missverständnis birgt erhebliches
Polarisierungs-Potenzial, wofür der Abstimmungskampf
zur Trinkwasserinitiative paradigmatisch steht.**

Daten und Methode

Zur Beantwortung der Fragestellung und Prüfung der
These wird die Methode der politischen Diskursanalyse
gewählt. Diese besteht aus der qualitativen Analyse
ausgewählter Quellen rund um den Abstimmungskampf
zur TWI. Die Auswahl erfolgte anhand mehreren Kriterien.
So sollten die gewählten Texte und Bilder öffentlich
sichtbar und in einem bestimmten Ausmass auch relevant
für den Abstimmungskampf sein. Beispiele hierfür sind
öffentlich ausgetragene Debatten im Schweizer Radio
und Fernsehen oder Abstimmungsplakate. Um eine
vertiefte Sicht der Befürworter- wie auch der Gegner-
Seite zu erhalten, wurden die Internetseiten der beiden
untersucht oder in Zeitungen veröffentlichte Leserbriefe

analysiert. Audio und audiovisuelle Quellen in Mundart
wurden dabei von mir übersetzt und transkribiert.

Für die Analyse wurde der Ansatz *Language in Use* von
James Paul Gee (2011) herangezogen. Sein Konzept der
Figured World ist für die vorliegende Analyse zentral. Als
Figured World versteht Gee vereinfachte, oft unbewusst
und als selbstverständlich wahrgenommene Theorien
und Vorstellungen wie die Welt funktioniert (Gee
2011, 76). Die Deutung der Schweizer Agrarpolitik
als Privilegierung der bäuerlichen Bevölkerung
kann als solche *Figured World* gesehen werden.

Gee versteht Sprache als *Saying, Doing* und *Being.* Das geht
zurück auf den Speech Act von J.L. Austin. Sprache ist damit
nicht nur informativ oder kreativ, wie beispielsweise ein
Wegweiser oder ein poetisches Gedicht, sondern auch und vor
allem performativ. Sie erzeugt soziale Realität. Der Text auf
einem Wegweiser ist, um ein Beispiel zu nennen, in dem Sinne
bereits realitätsschaffend, da er dazu führt, dass die Wanderer
genau diesen Weg nehmen und nicht einfach quer übers
Land laufen. Diese Annahme einer performativen Sprache
im Sinne von «Building Things trough Language» (Gee 2011,
16) ist grundlegend für seine Analysewerkzeuge der «Seven
Building Tasks»; es sind genau diese Tasks, welche Realität
durch Sprache erschaffen. Sie werden in der vorliegenden
Arbeit rege genutzt. Es sind dies beispielsweise die *Connections,*
welche Dinge mit anderen Dingen verknüpfen und damit
(erst) relevant machen (Gee 2011, 19), oder sogenannte
Sign systems, die in gewissen Situationen bestimmtes
Wissen gegenüber anderem Wissen durch Signalwörter
priveligieren (Gee 2011, 20). Ein weiteres wichtiges Konzept
von Gee sind die *Conversations.* Diese sind wiederkehrende

gesellschaftliche Debatten, in denen ein Grossteil der Gesellschaft weiss, um was es geht und welche Gruppen auf welcher Seite stehen (Gee 2011, 44). Ein letztes in der Arbeit verwendetes Werkzeug von Gee sind die Social Goods.

> «Social goods are anything some people in
> a society want and value.» (Gee 2011, 5)

Es kann sich dabei beispielsweise konkret um öffentliche Gelder handeln, die im politischen Prozess verteilt werden sollen oder auf einer abstrakteren Ebene um Anerkennung und Wertschätzung. Mit der performativen Sprache können diese *Social Goods* in der Gesellschaft erschaffen und dann verteilt werden (Gee 2011, 7).

Als Grundgerüst der Analyse dient der Speech Event von Roman Jakobson (Jakobson 1990, 73). In diesem Schema übermittelt der Sender dem Empfänger eine Nachricht in einem bestimmten Code (Sprache, Slang, …) über einen bestimmten Kontakt (Medium wie Brief, Twitter, …). Das Ganze ist eingebettet in ein bestimmtes Umfeld. Hier ist insbesondere die Interdependenz von Text (Nachricht und Kontakt) und Kontext (Umfeld, Sender, Empfänger, Code) wichtig. Diese Bestandteile des Schemas werden in der Arbeit systematisch untersucht und bilden damit den Leitfaden beziehungsweise die Grundstruktur der Analyse.

Analyse

Kontext

Der Kontext der Debatte um die TWI ist eine bekannte *Conversation*. Die Landwirtschaft als Verursacherin der

Umweltverschmutzung ist schon länger ein Thema. Umweltpolitisch motivierte Erwartungshaltungen führten bereits in den 80er Jahren zu Diskussionen und mündeten in den 90er Jahren dann zu einer neuen Agrarpolitik, welche «mehr Markt» und «mehr Ökologie» produzieren sollte (Moser 2012, 180). Diese beiden Schlagworte bezeugen deutlich den Aufstieg des Neoliberalismus im Agrarbereich. Diese *Conversation* der Landwirtschaft als Umweltverschmutzerin erscheint seither in unregelmässigen Abständen und in den letzten Jahren ist ein starkes Wiederaufflammen dieser Debatte zu beobachten. Ein grosses Thema in Bezug auf die Trinkwasserdiskussion war die Aufdeckung der SRF Nachrichtensendung «10 vor 10» über Rückstände des Pestizids Chlorothalonil in Schweizer Gewässern im Jahre 2019 (Rusch 2019). Die darauffolgende Empörung regte die Diskussion um die Umweltverschmutzung durch die Landwirtschaft wieder stark an. Die TWI nimmt diese *Conversation* auf.

Nachricht

Die Nachricht im Schema von Jakobson ist der Inhalt der TWI: Die Initiant/innen sehen in der Umweltverschmutzung insbesondere der Trinkwasserverunreinigung ein gesundheitsgefährdendes Problem. Gemäss ihrer Interpretation wird dieses durch den Pestizid- und Antibiotikaeinsatz der Landwirtschaft und durch zu viel Gülle wegen zu hohen Tierbeständen verursacht. Diese würden durch die Agrarpolitik der Schweiz gefördert. Ihre Initiative setzt darum bei der Agrarpolitik an (Herren 2022).

Die Initiative bildet eine *Connection* zwischen Trinkwasserverunreinigung und intensiver Landwirtschaft.

Damit spricht sie die bekannte *Conversation* der Landwirtschaft als Umweltverschmutzerin an. Über die intensive Diskussion in der Öffentlichkeit im Zuge des Abstimmungskampfes wird diese *Conversation* noch verstärkt. Sie wirkt performativ, das heisst sie gestaltet die Realität, wie sie von der Gesellschaft wahrgenommen wird. Mit dieser *Conversation* rücken andere potenzielle Akteure der Trinkwasserverschmutzung aus dem Blickfeld, die Landwirtschaft als alleinige Verursacherin bleibt und dominiert die Diskussion.

Gleichzeitig wird auch eine *Connection* zwischen umweltverschmutzender intensiver Landwirtschaft und der Agrarpolitik gezogen. Hier wird die *Conversation* von der Agrarpolitik als unbefriedigendes Konstrukt angesprochen. Keiner ist irgendwie so richtig glücklich mit ihr, davon zeugen die wiederkehrenden Reformen und Neuorientierungen der Agrarpolitik seit ihrem Beginn (Moser 1994). Treffend titulieren Auderset und Moser (2018) ihren Artikel zu den agrarpolitischen Re-Regulierungen im Zeitalter des Neoliberalismus mit «Permanenz des Unbehagens». Durch die sich ständig wiederholenden Reformen wird die Agrarpolitik immer wieder als unbefriedigende Baustelle wahrgenommen und die *Conversation* folglich verfestigt. Mit dieser *Conversation* im Hintergrund lässt sich sehr viel schneller und vereinfachter der Schluss ziehen, dass die Agrarpolitik für Probleme in der Landwirtschaft verantwortlich sei. Einem politisch schon länger diffamierten Konstrukt lässt sich mühelos die Schuld zuschieben.

Da die Agrarpolitik die Trinkwasserverschmutzung fördern würde, steht sie im Mittelpunkt der Initiative. Die Bauern selbst werden damit ein bisschen aus der Schusslinie genommen. So sagt die Initiantin Herren in der Arena-Debatte:

«...da sind sie [die Bauern] nicht verantwortlich,
das ist die Landwirtschaftspolitik
die Fehlanreize setzt mit unseren
Steuergeldern.» (Brotz 2021, 45'20)

Die Frage nach der Verantwortlichkeit führt gemäss Herren
klar von den Bauern weg. Da die Bauern in der Bevölkerung
bis heute sehr viel Sympathie geniessen, darf diese Aussage
ein Stück weit als politisches Kalkül gewertet werden. Die
Agrarpolitik sei schuld am unverantwortlichen Verhalten
der Bauern, denn diese komme nicht voran mit Reformen.
Seit Jahren würde in der Landwirtschaftspolitik Stillstand
herrschen (Brotz 2021). Die Verantwortung dafür sieht
die TWI beim SBV. So ärgert sich Nationalrätin Moser:

«Ich kann Ihnen garantieren: Der
Bauernverband bekämpft alles, bekämpft
alles was Richtung mehr ökologische
Landwirtschaft geht.» (Brotz 2021, 11'36)

Die Defensivpolitik des SBV ist hier deutlich sichtbar.
Die Befürworter/innen der Initiative nehmen dagegen
hauptsächlich die Bekämpfungsversuche ihrer Anliegen
wahr, die zum Teil erfolgreich waren. Das Bild der «mächtigen
Bauernlobby» scheint sich damit zu bestätigen. So doppelt
Moser mehrmals nach, dass der SBV alles bekämpfen
würde. Auch der Mythos der «mächtigen Bauernlobby»
kann in diesem Sinne als *Conversation* gesehen werden.
Diese schimmert in der ganzen Debatte und auch in
Informationsbeiträgen immer wieder durch. So schreibt
das SRF in einem Beitrag über die Abstimmungskampagne
des SBV, dass dieser nur schwer zu schlagen sei. Es
würde nicht erstaunen, wenn der «mächtigste Lobbyist

im Land», SBV-Präsident Ritter, als Sieger hervorginge. Schliesslich habe er noch nie verloren (Müller 2021). Der politische Kampfbegriff der «mächtigen Bauernlobby» erscheint regelmässig zusammen mit der unbefriedigenden Agrarpolitik. Dadurch lässt sich leicht schlussfolgern, dass die Lobby auch für die Agrarpolitik verantwortlich sei. Mit der Interpretation des SBV als «mächtige Bauernlobby» findet sich ein dankbarer Schuldiger, was bestehende *Conversations* nur bestätigt.

Das Bild der «mächtigen Bauernlobby», die die Agrarpolitik zu ihren Gunsten gestaltet, passt perfekt in die bereits vorgestellte *Figured World*. Die Privilegierung der Landwirtschaft durch Subventionen klingt unterschwellig immer mit und taucht oft in anklagenden Sätzen auf:

> «Die heutige Landwirtschaft wird hochsubventioniert.» (Brotz 2021, 10'08)

Dabei werden aber nicht die Zahlungen an sich kritisiert, sondern nur, nach dem Dafürhalten der Befürworter, jene an eine bestimmte Form der Landwirtschaft. So sagt etwa Tiana Angelina Moser:

> «Ich unterstütze die Subventionen für die Bauern, ich unterstütze eine produzierende Landwirtschaft in der Schweiz, aber nicht so, wie wir es heute haben.» (Brotz 2021, 55'30)

Es wird also aus der Sicht der Befürworter eine falsche Landwirtschaft unterstützt, respektive privilegiert. In diesem Verständnis etwas provokant ausgedrückt, lebt *diese*

Landwirtschaft auf Kosten der Gesellschaft und verschmutzt
mit den Steuergeldern die Gewässer und die Natur.

Sender

Was sagt uns die Nachricht über das Denken und das
Weltverständnis der Initiant/innen? Hinter den Forderungen
der TWI versteckt sich die *Figured World,* in welcher die
Agrarpolitik als Werk einer «mächtigen Agrarlobby»
gedeutet wird, die eine bestimmte Form der Landwirtschaft
gegenüber der Gesellschaft aber auch anderen Formen von
Landwirtschaft privilegiert. Nur innerhalb dieser Logik
können die Forderungen der TWI und deren teilweise
aggressive Verfechtung nachvollzogen werden.

Das Aggressivitäts-Potenzial wird durch zu verteidigende
Social Goods gesteigert. Die Initiant/innen setzten sich für
sauberes Trinkwasser und gesunde Nahrungsmittel ein.
Dahinter steht eines der wichtigsten Güter des Lebens:
Gesundheit. Die Wahrnehmung derselben als bedroht, lädt die
Debatte emotional auf. Dasselbe gilt für das *Social Good* Natur,
das infolge der epistemischen Trennung nun als *Gut* gehandelt
und damit vermehrt oder eben auch vermindert werden
kann. Die Emotionalität lässt sich vergegenwärtigen, wenn
man sich überlegt, dass man mit den eigenen Steuergeldern
gewissermassen seine Umwelt und seine eigene Gesundheit
bedroht. Durch dieses Missverständnis zur Agrarpolitik
können solche Überlegungen angestellt werden. Mit dem
Eindruck, dass diese Probleme nicht konsequent angegangen
werden, weil eine mächtige Agrarlobby über diesen Zustand
bestimmt, kann man sich auf eine gewisse Art und Weise
ohnmächtig fühlen. Diese Ohnmacht führt eine weitere
Portion Ärger und Wut mit sich. Da die *Figured World* und

auch die *Conversations* schon länger existieren, hat sich dieser Cocktail an Emotionen schon über mehrere Jahre aufladen können. Im Abstimmungskampf entlud er sich nun.

Code

Wie kommt die Nachricht daher? In einem politischen Abstimmungskampf geht es darum die Bevölkerung zu überzeugen. Die Sprache ist dementsprechend aufgebaut. Die Nachricht muss aufrütteln, um die Aufmerksamkeit des Lesers oder Zuhörers zu gewinnen:

> «Wir haben eine Million Schweizerinnen
> und Schweizer die bereits pestizidbelastetes
> Wasser trinken.» (Brotz 2021, 11'51)

Dabei soll die Nachricht kurz und prägnant sein, um eine Wirkung zu entfalten. Auf dem folgenden Abstimmungsplakat sind alle wichtigen Punkte gut verständlich aufgeführt. Die relevanten *Connections* werden gemacht.

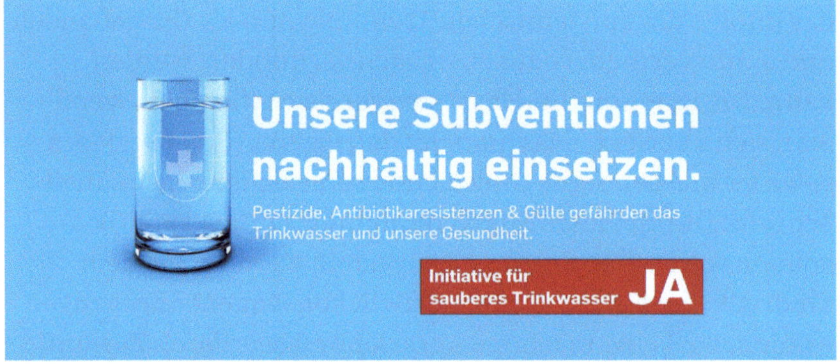

Abbildung 1: Abstimmungsplakat zur TWI (Herren 2022)

Schlagworte spielen beim Überzeugungsversuch eine wichtige Rolle. Die zwei wichtigsten im Falle der TWI sind auf dem Abstimmungsplakat sichtbar: «Pestizide» und «Subventionen». Beide sind negativ konnotiert. Pestizide gelten als giftig und umweltgefährlich, Subventionen stehen für Unterstützung ohne Gegenleistung. Die Gegner der Initiative benutzen andere Schlagworte. Statt Pestizide bevorzugen sie Pflanzenschutzmittel, das den Nutzen dieser Substanzen in den Vordergrund stellt. Und für Subventionen verwenden sie Direktzahlungen. Diese bezeichnen die Abgeltung von Leistungen. Die Unterschiede in den Aussagen sind frappant. Diese Signalwörter deuten bereits an, in welchem *Sign System* sich eine Person bewegt.

Die Rolle von Emotionen bei der Entscheidungsfindung kann nicht unterschätzt werden. In politischen Entscheidungsprozessen sind emotionalisierte Debatten normal. Auch die TWI und deren Exponent/innen versuchen mit emotionalisierter Sprache *Social Goods* anzusprechen und damit die Bevölkerung zu überzeugen. Die Gesundheit wurde in einem vorherigen Zitat bereits erwähnt. Die folgenden Zitate betreffen das *Social Good* Natur:

> «Wir haben ein Vogelsterben, Insektensterben
> (...) das massiv ist.» (Brotz 2021, 11'56)

> «... wir so unsere Natur kaputt machen.»
> (Brotz 2021, 12'57)

> «Die Biodiversitätssituation in der Schweiz
> ist katastrophal. Es gibt keine schönen
> Worte dafür.» (Brotz 2021, 21'19)

Im Abstimmungskampf zur TWI wird eine politische Sprache verwendet. Sie zielt auf die Überzeugung der Schweizer Bevölkerung. Der Sachverhalt und der Lösungsvorschlag werden kurz, prägnant, teilweise auch etwas vereinfachend vorgestellt. Emotionen werden mit starken Beispielen und pointierten Sätzen geweckt. Damit unterscheidet sich die Sprache an sich kaum von anderen Abstimmungskämpfen.

Kontakt

Kontakt zwischen den Sender/innen und Empfänger/innen, also zwischen den Initiant/innen und der stimmberechtigten Schweizer Bevölkerung wird im Abstimmungskampf hauptsächlich über den öffentlichen Diskurs in den Medien hergestellt. Die Empfänger/innen sehen die Abstimmungsplakate, hören Informationssendungen zur Initiative oder lesen Beiträge dazu in Zeitungen. Podiumsdiskussionen oder das direkte Gespräch bringen die zwei in physischer Hinsicht einander näher, es dürften aber nur ein Bruchteil der Empfänger/innen bei solchen anwesend gewesen sein. Die öffentliche Austragung der Debatte ist insofern entscheidend als die Inhalte von der Gesamt-Bevölkerung wahrgenommen werden und damit das Potenzial haben, eine breite Wirkung zu entfalten. Deutungen und Sichtweisen in der Gesellschaft können sich vertiefen oder verändern. Es wird performativ auf die soziale Realität eingewirkt.

Empfänger

Wie kommt die Nachricht beim Empfänger an? Allgemein kann gesagt werden, dass alle stimmberechtigten Schweizer/innen Empfänger/innen sind. Um die Frage nach der

Aggressivität im Abstimmungskampf beantworten zu
können, wird in dieser Arbeit nur auf die Gegner der Initiative,
als Teil der Schweizer Stimmberechtigten fokussiert. Auf
gegnerischer Seite standen viele nationalen Parteien und
Verbände, vor allem der SBV und mit ihm ein Grossteil
der Schweizer Bauern. Die bäuerliche Bevölkerung war
im Abstimmungskampf grösstenteils auf der Gegnerseite,
einzelne Exponenten und auch Verbände fanden sich
aber auch auf der Seite der Befürworter. Damit kann nicht
pauschalisierend gesagt werden, dass es sich um einen
Abstimmungskampf zwischen Initiant/innen und Bauern
gehandelt hat, auch wenn dieser Eindruck aufgrund der
dominierenden Abstimmungskampagne des SBV besteht.
Bauern befanden sich auf beiden Seiten. Der Graben
dürfte sich zwischen Betrieben, die bereits ähnlich wie es
die Initiative verlangte produzierten, und den restlichen
Betrieben hinziehen. Die bäuerliche Bevölkerung ist noch
in zweiter Hinsicht als Empfängerin relevant. Die Initiative
zielt auf die Agrarpolitik. Damit steht die bäuerliche Arbeit
im Fokus, respektive eine bestimmte Art der bäuerlichen
Arbeit. Kritisiert werden vor allem konventionelle
Bewirtschaftungsweisen. Bauern sind also einerseits als zu
überzeugende Schweizer Stimmberechtigte als Empfänger
lokalisiert, andererseits aufgrund ihrer (kritisierten) Arbeit.

Wie kommt nun diese Initiative bei den bäuerlichen
Abstimmungsgegner/innen an? Auch in der Landwirtschaft
selber ist die *Conversation* der Umweltverschmutzung durch
sie selbst bekannt und anerkannt. Die Probleme würden
aber, anders als das die Initiative suggeriere, angegangen.
Die Landwirtschaft sei sich ihrer Verantwortung bewusst
und würde sich in einem stetigen Verbesserungsprozess
befinden (Allianz gegen die extremen Agrar-Initiativen

2022). Auch in Leserbriefen werden die ökologischen
Leistungen der Landwirtschaft mehrfach betont:

> «Es wäre doch sehr anständig, wenn sie [die
> Initiant/innen] sich informieren würden, (...)
> was die Landwirtschaft alles unternimmt, um
> Böden zu erhalten und Wasserverunreinigungen
> zu verhindern...» (Gerber-Muster 2021)

Obwohl die Befürworter/innen betonten, dass die TWI
nicht gegen die Bauern gerichtet sei, wird das trotzdem
so wahrgenommen. Auch wenn gemäss der TWI die
Agrarpolitik und nicht die Bauern schuld seien, sind
es schlussendlich eben doch die Bauern die Pestizide
einsetzen, welche für das vergiftete Trinkwasser,
die Umweltverschmutzung, das Artensterben, usw.
verantwortlich gemacht werden. Zudem geht es in der TWI
explizit nur ums Landwirtschaftsgesetz, also in der Tat nur
um die Bauern. Die bäuerliche Unschuldsbetonung der
Initiant/innen scheint kaum glaubhaft. Die Bauern fühlten
sich trotzdem angesprochen, respektive sogar angegriffen.

> «Obschon wir Bäuerinnen und Bauern immer
> nach bestem Wissen und Gewissen und
> unter Befolgung der gesetzlichen Vorgaben
> unsere Heimwesen bewirtschaftet haben,
> werden wir in noch nie dagewesener Arroganz
> bei der schweizerischen Bevölkerung als
> Alleinschuldige für alle Umweltprobleme
> verantwortlich gemacht. Gesetzesverstösse
> Einzelner, sei es in der Tierhaltung oder anderen
> landwirtschaftlichen Bereichen, werden immer
> als bäuerliche Allgemeinverbrechen hochstilisiert

und publikumswirksam über die Medien
verbreitet. Ungläubig müssen wir zusehen wie
diese Machenschaften bei der ahnungslosen
Bevölkerung Wirkung zeigen.» (Bühlmann 2021)

Die bäuerliche Bevölkerung fühlt sich von diesem *Negative Campaigning* direkt angegriffen. Zum einen beschwert sich dieser Bauernzeitungsleser, dass die Landwirtschaft immer als Alleinschuldige behandelt wird. Zum anderen beobachtet er eine performative Wirkung dieser *Conversation* auf die Gesellschaft. Dabei stört ihn vor allem der Ton der Angriffe, er spricht hier von Arroganz. Dieser Begriff findet sich auch in anderen Leserbriefen mehrmals. Die politische Abstimmungskampfsprache trug ihren Teil zur bäuerlichen Wahrnehmung der Initiativ-Botschaft bei. Diese verstärkte die Anklage gegen die Landwirtschaft. Die von der bäuerlichen Bevölkerung als *Negative Campaigning* wahrgenommene Überzeugungsarbeit der Befürworter/innen kann einen Teil der Aggressivität erklären:

> «Wenn man eine ganze Berufsgruppe und
> ihr Umfeld solchen Verleumdungen und
> Ungerechtigkeiten aussetzt, muss man
> sich nicht wundern, wenn auch geerdeten
> Bürgern der Kragen platzt.» (Oswald 2021)

Dahinter steckt aber noch mehr. Bauer sein, ist viel mehr als nur ein Beruf. So beschreibt es ein Bauer in seinem Leserbrief:

> «Ich muss mich daran erinnern, warum ich
> diesen Beruf ausgewählt habe: Herzblut,
> Leidenschaft und Idealismus. Landwirt ist kein
> Beruf, es ist eine Berufung.» (Krähenbühl 2021)

Viele Bauern definieren sich auch heute noch über
ihre Arbeit. Sie bildet deren soziale Identität:

> «Mein Cousin richtet das Leben nach der
> Arbeit, (...) wie fast alle Bauern der Schweiz.
> Darum sind die Bauern von der Kritik an
> ihrer Arbeit so verletzt. Sie kann formuliert
> sein als Kritik an einer Praxis, an einer
> Arbeitsweise. Sie wird verstanden als Kritik
> an Leben und Identität.» (Hardegger 2021)

Da die bäuerliche Arbeit eine identitätsbildende Komponente
enthält, ist Kritik daran äusserst emotional und aufrüttelnd.
Und trotzdem eignet sich dieses Argument nur begrenzt zur
Erklärung der Aggressivität im Abstimmungskampf, sondern
vielmehr die zeitliche Komponente daran: An der bäuerlichen
Arbeitsweise wird schon seit Jahrzehnten andauernd Kritik
geübt. Die Agrarpolitik und ihre vielen Reformen, welche die
Landwirtschaft veränderten, stehen stellvertretend dafür.
Die gewaltigen Veränderungen in der Landwirtschaft seit
der Mitte des 20. Jahrhunderts zeigen die Modernisierung
und damit die immer wieder neue Infragestellung der
bäuerlichen Arbeitsweise, ohne dass zukunftsfähige Lösungen
gefunden worden wären (Baumann und Moser 1999).

> «Wenn ich in die Vergangenheit zurückblicke,
> haben sich die Bäuerinnen und Bauern
> stets dem Wandel der Zeit und dem
> Konsumenten angepasst.» (Odermatt 2021)

Die ständig schrumpfende Zahl der Bauernbetriebe in
der Schweiz zeigt, dass diese Anpassungen nicht ganz
freiwillig stattfanden, sondern dem Überleben der Betriebe

dienten. Einerseits müssen sich die Bauern nach dem Markt
richten, schliesslich müssen sie ihre Produkte verkaufen
können. Andererseits sind sie auf staatliche Unterstützung
angewiesen, die sie nur mit weitreichenden Auflagen erhalten.
Diese Last der Vorschriften klingt immer etwas mit:

> «Kein Land dieser Welt schreibt Bauern so viel
> (…) vor wie die Schweiz.» (H. Huber 2021)

Diese Vorschriften führen dazu, dass
gemeinwirtschaftliche Leistungen von den Bauern
erbracht werden können. Dazu gehört beispielsweise
auch die Reduktion von Pflanzenschutzmitteln.

> «Ich erhalte Direktzahlungen für die
> Reduktion der PSM, nicht für deren
> Einsatz.» (Krähenbühl 2021)

Die TWI suggeriert das Gegenteil. Damit kränkt
sie die Bauern enorm, denn ihre Anpassungen an
gesellschaftliche Forderungen werden nicht anerkannt:

> «Alle immer wieder getätigten und umgesetzten
> Massnahmen zur Optimierung und Verbesserung
> der Bewirtschaftungsweise werden ignoriert
> und als unnütz abgetan.» (Bühlmann 2021)

Das *Social Good* der Anerkennung der geleisteten Arbeit wird
den Bauern von der Initiative abgesprochen, indem nur
die Mängel aufgezählt werden. Die soziale Anerkennung
ist noch zusätzlich entscheidend, als die Landwirtschaft
indirekt über die Direktzahlungen auch davon lebt. Damit
wird ein weiteres *Social Good* angesprochen: die Existenz.

Die TWI bedrohe ihre Existenz, erklärt ein unbekannter
Bauer seine Situation der Initiantin Franziska Herren
an einer Informationsveranstaltung (Brotz 2021). Die
Existenz ist in der bäuerlichen Welt viel mehr als nur eine
Arbeitsstelle, die gewechselt werden könnte. Schon der
Grossvater war Bauer, auch der Sohn solle einmal dort
bauern können. Wegen dem langfristigen Denken und weil
der Bauernhof eben nicht nur ein Arbeitsplatz, sondern
auch Wohnort und damit ein Zuhause ist, ist die Existenz
ein wichtiges und bedeutungsvolles *Social Good*. Gerade
darum dürften die Kürzungen von Direktzahlungen die
bäuerliche Bevölkerung stark ängstigen. Wie begründet die
Existenzangst tatsächlich war, ist schwierig abzuschätzen.
Bauern sind Überlebenskünstler. Durch ihre Flexibilität und
innovativen Anpassungen der Betriebe haben sie schon viele
agrarpolitische Änderungen «überlebt». Die Angst ist da, für
die Aggressivität scheint sie aber zu wenig erklärungsfähig.

Es ist vielmehr die fehlende Anerkennung verbunden mit
der ständigen Kritik an ihrer Arbeit, die die bäuerliche
Bevölkerung brüskiert und das schon seit längerem. Die
Conversation der Landwirtschaft als Umweltverschmutzerin
besteht schon lange und damit auch die Kritik an der
Landwirtschaft. Anerkannt werden die Leistungen der
Bauern zwar über die Direktzahlungen, diese haben aber
immer den Charakter einer Bevormundung, jedenfalls
aus bäuerlicher Sicht. Indem die Initiative nun radikal
allen die Direktzahlungen streichen will, die nicht genau
nach den Vorgaben der TWI produzieren, treibt sie die
Vorschriftslast gleichsam auf die Spitze. Bauern sind
allgemein skeptisch gegenüber neuen Vorschriften, weil
sie (durchaus mit Recht) befürchten müssen, dass ihre
unternehmerische Freiheit eingeschränkt wird. Wenn neue

Vorschriften so radikal formuliert sind wie in der TWI, führt
das automatisch zu einer sehr starken Abwehrhaltung. Der
Angriff auf die Interessenorganisation der Bauern, verstärkt
die Abwehrhaltung gegenüber der Initiative noch. Denn
trotz den jüngsten Erfolgen des SBV ändert sich für die
Bauern nichts Grundlegendes. Die Macht ihres politischen
Repräsentanten ist beschränkt auf Defensivpolitik.
Der Kampfbegriff der «mächtigen Agrarlobby» klingt
in bäuerlichen Ohren darum als blanker Hohn.

Mit dem Vorwand der finanziellen Unterstützung über
die Direktzahlungen können gewissermassen beliebig
viele neue Vorschriften verabschiedet werden, das
Dankeschön gegenüber der bäuerlichen Bevölkerung
erübrigt sich dann. Der Satz «Ihr habt ja Direktzahlungen»
bringt jeden Bauern und jede Bäuerin auf die Palme. Die
TWI enthält unterschwellig genau diese Botschaft der
Privilegierung der bäuerlichen Bevölkerung, obwohl
sich das für die Bauern überhaupt nicht so anfühlt.

Konklusion
Anfangs habe ich gefragt, warum es im Juni 2021 zu einem
so aggressiven Abstimmungskampf kommen konnte.
Das weit verbreitete fundamentale Missverständnis
der Schweizer Agrarpolitik, so meine These, beinhaltet
erhebliches Polarisierungspotenzial. Die TWI beruht auf
diesem Missverständnis, womit deren Abstimmungskampf
paradigmatisch für diese Polarisierung steht.

Das Missverständnis Agrarpolitik äussert sich in der *Figured
World*, innerhalb der die Agrarpolitik die Bauern auf Kosten
der Gesellschaft privilegieren würde. Dieses Missverständnis

steht hinter der TWI. Mit den eigenen Steuergeldern würde
eine Landwirtschaft unterstützt, die wichtige *Social Goods*
wie Gesundheit oder Natur schädige. Damit enthält die
Debatte bereits enormes Aggressivitätspotenzial. Indem die
als unbefriedigend wahrgenommene Baustelle Agrarpolitik
als Konstrukt einer mächtigen Bauernlobby gewertet
wird, findet sich ein gut sichtbarer politischer Gegner, dem
aber aus Sicht der Befürworter/innen der TWI nur schwer
beizukommen ist. Eine gewisse Ohnmacht verstärkt das
Aggressivitätspotenzial. Über die Jahre hat sich dieser toxische
Mix aufgeladen und entlud sich nun im Abstimmungskampf.

Die Bauern und der SBV dagegen befinden sich in der
Defensive. Sie versuchen immer neue an sie herangetragene
Forderungen in Form von einschränkenden Vorschriften
abzuwehren oder wenigstens abzuschwächen. Den SBV
als «mächtige Agrarlobby» zu betiteln, trifft die Bauern
empfindlich. Obwohl sie von ihr finanzielle Mittel erhalten,
ist ihre Einstellung gegenüber der staatlichen Agrarpolitik
wegen dieser Last der Vorschriften ambivalent. Indem
nun diese Vorschriften als Privilegierung der Bauern
gegenüber der Gesellschaft angepriesen werden, fühlen
sich die Bauern einmal mehr übergangen. Die Bauern
müssen sich den Forderungen der Gesellschaft anpassen
und tun das auch in vielen Bereichen. Im Gegenzug
«dankt» es ihnen die TWI, indem sie den Bauern vorwirft,
allein an der Umweltverschmutzung schuld zu sein. Die
Leistungen der Bauern werden nicht anerkannt, sondern
es werden immer mehr und neue gefordert. Diese ständige
Bevormundung und trotzdem immerwährende Kritik an der
bäuerlichen Arbeit enthält grosses Aggressivitätspotenzial.
Dieses entlud sich im Abstimmungskampf, aufgrund

der weitgehenden Forderungen der TWI und der als
arrogant wahrgenommenen, fundamentalen Kritik.

Das Missverständnis Agrarpolitik liegt der Aggressivität im
Abstimmungskampf zugrunde. Mit dieser Erkenntnis werden
Mechanismen wie Digitalisierung, *Negative Campaigning* oder
personalisierte Politik als Erklärungsversuche aber nicht
überflüssig. Im Gegenteil, diese verstärken die Ausgangslage.
Auch der Stadt-Land-Graben verliert sein Erklärungspotenzial
nicht. Vielmehr kann die vorliegende Erkenntnis als Beitrag
zur Erklärung des Stadt-Land-Konfliktes verstanden werden,
zumindest was agrarpolitische Themen anbelangt.

Die vorliegende These konnte die Frage nach der Aggressivität
im Abstimmungskampf beantworten, sie kann aber
das allgemeinen Unbehagen gegenüber der Schweizer
Agrarpolitik nicht erklären. Dieses bleibt bestehen,
auch wenn die Suche nach Verantwortlichen aufgegeben
würde und sich die Diskussion beruhigt. Insofern ist die
Ausgangsfragestellung mit der vorliegenden These nicht
restlos geklärt. Hier zeigen sich die Grenzen des Ansatzes
einer Diskursanalyse. Die Frage nach einem Ursprung der
Figured Worlds oder der *Conversations*, also woher diese
kommen, lässt sich kaum beantworten. Wissenstheoretische
Forschung zum Unbehagen gegenüber der Agrarpolitik
scheinen hier mehr Erkenntnisse hervorzubringen, wie
Auderset und Moser (2018) in ihrem Artikel zeigen. Ihre
These einer durch einen epistemischen Reduktionsprozess
mögliche Trennung von bäuerlicher Landwirtschaft und
Ökologie und damit als monofunktionale Bereiche der Güter-
und Warenherstellung auf der einen, Landschaftsgestaltung
und -erhaltung auf der anderen Seite zu denken, lässt sich am
Beispiel des Abstimmungskampfes zur TWI gut beobachten.

Die landwirtschaftliche Lebensmittelproduktion steht da im Gegensatz zur Erhaltung der Natur. Da auch in einer industrialisierten Agrarpraxis die Produktion nie komplett von der Reproduktion getrennt werden kann, bleibt dieser Widerspruch bestehen und damit das Unbehagen gegenüber der Agrarpolitik, die denselben nicht auflösen kann.

Agrarpolitik ist Gesellschaftspolitik, das heisst die ganze Gesellschaft ist betroffen und mischt sich darum auch ein. Insofern ist eine Initiative immer ein guter Weg, *alle* können mitreden. Das heisst aber auch, die nichtbäuerliche Mehrheit der Gesellschaft entscheidet über die bäuerliche Minderheit. Entscheidend ist, inwiefern sich bäuerliche Interessen mit denen der Allgemeinheit decken, nur da kann die Landwirtschaft überhaupt mit Chancen in die politische Diskussion einsteigen. Doch genau wie die Gesellschaft ist auch die Bauernschaft kein homogenes Gebilde. Unterschiedliche Meinungen und Sichtweisen konkurrenzieren einander. Einen Konsens über ein so vielfältiges und vielfältig verbundenes Gebiet wie die Landwirtschaft zu finden, ist nicht einfach. Der Ansatz der TWI ist *eine* mögliche Art und Weise wie die Agrarpolitik und folglich die Landwirtschaft zu gestalten sei. Für diesen Ansatz fand sich in der Abstimmung keine Mehrheit. Die Konsensfindung in der Agrarpolitik geht weiter und bleibt damit so schwierig wie bisher.

Referenzen

Quellen

Allianz gegen die extremen Agrar-Initiativen. 2022. «Unsere Vision». Nein zu den extremen Agrarinitiativen. 2022. https://www.extreme-agrarinitiativen-nein.ch/unsere-vision.html.

Bachmann, Hans-Urs, Reg. 2021. «Tagesschau vom 13.06.2021: Spätausgabe». Tagesschau. SRF. https://www.srf.ch/play/tv/tagesschau/video/pestizid-rueckstaende-im-trinkwasser?urn=urn:srf:video:9db85280-e0e1-45bf-abda-1a8dff62a953.

BLW, Bundesamt für Landwirtschaft. 2021. «Agrarpolitik». 20. April 2021. https://www.blw.admin.ch/blw/de/home/politik/agrarpolitik.html.

———. 2022. «Direktzahlungen». 9. Februar 2022. https://www.blw.admin.ch/blw/de/home/instrumente/direktzahlungen.html.

Brotz, Sandro, Reg. 2021. «‹Abstimmungs-Arena› zur Trinkwasser-Initiative». ARENA. *Schweizer Radio und Fernsehen* (SRF). https://www.srf.ch/play/tv/arena/video/abstimmungs-arena-zur-trinkwasser-initiative?urn=urn:srf:video:a72e5b5f-0cc1-43cf-89f8-fe0f0fd7ca28.

Bühlmann, Fritz. 2021. «Leserbrief: Zurück zur Vernunft». bauernzeitung.ch. 28. Mai 2021. https://www.bauernzeitung.ch/artikel/landwirtschaft/leserbrief-zuru-ck-zur-vernunft-352079.

Bundeskanzlei. 2021. *Erläuterungen des Bundesrates - Volksabstimmung* 13.06.2021.

Gerber-Muster, Bernhard. 2021. «Leserbrief: Arroganz ist bedenklich». bauernzeitung.ch. 21. Mai 2021. https://www.bauernzeitung.ch/artikel/landwirtschaft/leserbrief-arroganz-ist-bedenklich-352188.

Hafner, Joël, Reg. 2019. «Mit 7 Bauernregeln an die Macht». Einfach Politik. *Schweizer Radio und Fernsehen* (SRF). https://www.srf.ch/audio/einfach-politik/mit-7-bauernregeln-an-die-macht?id=11662014.

Hardegger, Angelika. 2021. «Die Schweiz, die Bauern und der grosse Krach». *Neue Zürcher Zeitung (Onlineversion)*, 15. Mai 2021, Abschn. Gesellschaft. https://www.nzz.ch/gesellschaft/die-schweiz-liebt-ihre-bauern-doch-gerade-eskaliert-der-grosse-krach-wie-konnte-es-soweit-kommen-ld.1625156.

Herren, Franziska. 2022. «Initiativtext». Initiative für sauberes Trinkwasser. 2022. https://www.initiative-sauberes-trinkwasser.ch/initiative/.

Huber, Hansuli. 2021. «Leserbrief: Extremes zieht häufig Extremes nach». bauernzeitung.ch. 19. März 2021. https://www.bauernzeitung.ch/artikel/landwirtschaft/leserbrief-extremes-zieht-haeufig-extremes-nach-353042.

Huber, Robert. 2022. *Einführung in die Schweizer Agrarpolitik*. vdf Hochschulverlag AG an der ETH Zürich; Zürich.

Humbel, Georg, Reg. 2021. «Agrarinitiativen - Nationalrat Kilian Baumann sagt wegen Drohungen alle Auftritte ab». Rundschau. *Schweizer Radio und Fernsehen* (SRF). https://www.srf.ch/news/abstimmungen-13-juni-2021/initiativepestizidverbot/agrarinitiativen-nationalrat-kilian-baumann-sagt-wegen-drohungen-alle-auftritte-ab.

Jaberg, Samuel. 2021. «Agrar-Initiativen sprühen Gift und Galle übers Land». SWI swissinfo.ch. 20. Mai 2021. https://www.swissinfo.ch/ger/wirtschaft/agrar-initiativen-spruehen-gift-und-galle-uebers-land/46635376.

Krähenbühl, Stefan. 2021. «Leserbrief: Das direkte Gespräch wäre der beste Weg». bauernzeitung.ch. 11. Juni 2021. https://www.bauernzeitung.ch/artikel/landwirtschaft/leserbrief-das-direkte-gespraech-waere-der-beste-weg-351827.

Kramer, Brigitte. 2021. «Aggressiver Abstimmungskampf - Wieso wird der Abstimmungskampf immer gehässiger, Herr Longchamp?» Schweizer Radio und Fernsehen (SRF). 20. Mai 2021. https://www.srf.ch/news/abstimmungen-13-juni-2021/aggressiver-abstimmungskampf-wieso-wird-der-abstimmungskampf-immer-gehaessiger-herr-longchamp.

Müller, Andy. 2021. «Agrar-Initiativen - Der mächtige Bauernverband ist nur schwer zu schlagen». Schweizer Radio und Fernsehen (SRF). 7. Mai 2021. https://www.srf.ch/news/schweiz/agrar-initiativen-der-maechtige-bauernverband-ist-nur-schwer-zu-schlagen.

Murer, Josef. 2021. «Leserbrief: Nicht das Trinkwasser ist vergiftet, nur die Diskussion darüber». bauernzeitung. ch. 14. Mai 2021. https://www.bauernzeitung.ch/dossier/landwirtschaft/leserbrief-nicht-das-trinkwasser-ist-vergiftet-nur-die-diskussion-darueber-352315.

Odermatt, Markus. 2021. «Leserbrief: Wir haben uns immer angepasst». bauernzeitung.ch. 23. April 2021. https://www.bauernzeitung.ch/artikel/landwirtschaft/leserbrief-wir-haben-uns-immer-angepasst-352678.

Oswald, Jenifer. 2021. «Leserbrief: Von Eskimos und Elefanten». bauernzeitung.ch. 4. Juni 2021. https://www.bauernzeitung.ch/dossier/landwirtschaft/leserbrief-von-eskimos-und-elefanten-351955.

Rusch, Matthias, Reg. 2019. «Zu viel Pestizide im Trinkwasser». 10 vor 10. *Schweizer Radio und Fernsehen* (SRF). https://www.srf.ch/play/tv/tagesschau/video/chlorothalonil-wie-sauber-ist-unser-trinkwasser-tatsaechlich?urn=urn:srf:video:9b70e641-a5ee-4e87-aaba-7eb24011cf5c.

Sibold, Laura. 2021. «Umfrage zu den Abstimmungen - Trotz Ja-Mehrheit: Trinkwasser-Initiative polarisiert stark». Schweizer Radio und Fernsehen (SRF). 7. Mai 2021. https://www.srf.ch/news/abstimmungen-13-juni-2021/trinkwasser-initiative/umfrage-zu-den-abstimmungen-trotz-ja-mehrheit-trinkwasser-initiative-polarisiert-stark.

Sekundärliteratur
Auderset, Juri, und Peter Moser. 2018. «Permanenz des Unbehagens. Epistemischer Wandel und agrarpolitische Re-Regulierungen im Zeitalter des Neoliberalismus». In *Zwang zur Freiheit: Krise und Neoliberalismus in der Schweiz,* herausgegeben von Regula Ludi, Matthias Ruoss, und Leena Schmitter, 37–60. Zürich: Chronos.

Baumann, Werner, und Peter Moser. 1999. *Bauern im Industriestaat: agrarpolitische Konzeptionen und bäuerliche Bewegungen in der Schweiz 1918-1968*. Zeitgeschichte. Zürich: Orell Füssli Verlag.

———. 2000. «Subventionen für eine mächtige Bauernlobby? Ursachen und Auswirkungen der staatlichen Agrarsubventionen 1880-1970». *Studien und Quellen* 26: 157–78.

———. 2012. «Agrarpolitik. Landwirtschaftspolitik». In *Historisches Lexikon der Schweiz (Internetversion)*. https://hls-dhs-dss.ch/articles/013789/2012-08-16/.

Gee, James Paul. 2011. *An Introduction to Discourse Analysis. Theory and Method*. 3. New York und London: Routledge.

Jakobson, Roman. 1990. *On language*. Cambridge: Harvard University Press.

Moser, Peter. 1994. *Der Stand der Bauern: bäuerliche Politik, Wirtschaft und Kultur gestern und heute*. Frauenfeld: Huber.

———. 2005. «Am Konsum orientiert, über die Produktion thematisiert. Schweizer Agrarpolitik als Ernährungspolitik 1914/18-1960». In *Reguliertes Land. Agrarpolitik in Deutschland, Österreich und der Schweiz 1930-1960*, 2:192–203. Innsbruck: Studienverlag.

———. 2012. «Die Agrarproduktion: Ernährungssicherung als Service public». In *Wirtschaftsgeschichte der Schweiz im 20. Jahrhundert*, herausgegeben von Patrick Halbeisen, Margrit Müller, und Béatrice Veyrassat, 568–620. Basel: Schwabe Verlag.

Vatter, Adrian. 2016. «Switzerland on the Road from a Consociational to a Centrifugal Democracy?» *Swiss Political Science Review* 22 (1): 59–74. https://doi.org/10.1111/spsr.12203.

(5)

Analyse des Diskurses über die Beschaffung des F-35A für die Schweizerische Eidgenossenschaft

Anthony Martin Müller

Einleitung

Am 02. Juni 2022 schrieb das Eidgenössische Department für Verteidigung, Bevölkerungsschutz und Sport (VBS) in ungewöhnlich bildlicher Sprache auf seiner Homepage:

> „Ständerat will bei Kampfflugzeug-Beschaffung Nägel mit Köpfen machen" (Zwahlen 2022).

Die kleine Kammer des Schweizer Parlamentes bevollmächtigte den Bundesrat an diesem Tag dazu, bis zum März 2023 die Kaufverträge für die Beschaffung von Kampfjets des Typs F-35A zu unterzeichnen (ebd.). Gleichzeitig hatte sich jedoch auch eine Gegenbewegung formiert. Das Initiativkomitee „Stop F-35" verzeichnete im August 2022 über 100'000 Stimmen und ihre Initiative gegen das Projekt kam damit zustande. Dennoch stimmte auch der Nationalrat der Beschaffung vor einer etwaigen Volksabstimmung im Jahr 2023 zu und damit war der Weg frei für die finale Vertragsunterzeichnung, welche am 19. September 2022 erfolgte. Der Vorgang wird dahingehend, dass das Parlament eine erfolgreiche Initiative faktisch ignoriert hat, auch beim SRF als „erstmaliger Vorgang" (Burkhardt 2022) eingestuft. In diesem Kontext wird sogar offen die Frage problematisiert, ob das Parlament damit seinem verfassungsgemäßen Auftrag noch gerecht wird (ebd.). Hierin begründet sich die Bedeutung des diesbezüglichen Diskurses für die Schweiz.

Die Organisatoren von „Stop F-35" zogen aufgrund der
Vertragsunterzeichnung die Initiative zurück und bezeichnen
die Geschehnisse als „Schande für die demokratische
Kultur in der Schweiz" (Komitee „Stop F-35" 2022). Da die
Initiative kurz nach der bereits erfolgten Abstimmung
über die Beschaffung eines neuen Kampfjets 2020 und der
anschließenden Festsetzung des präferierten Musters lanciert
wurde, hat aber z.B. Urs Leuthard die Vorgehensweise
des Initiativ-Komitees ebenfalls als „demokratiepolitisch
zumindest heikel" (Leuthard 2022) eingestuft.

Der Diskurs über die Beschaffung des F-35A reiht sich
in eine lange Tradition von kontroversen Debatten über
die Beschaffung von Kampfflugzeugen für die Schweizer
Armee ein. Bereits während der Beschaffung der Mirage
im Jahr 1964 kam es zu deutlich ausufernden Kosten, die
im „Mirage-Skandal" und der Reduzierung der bestellten
Stückzahlen mündeten (Ruckli 2003 & Haltiner 2011: 42).
De facto handelte es sich hierbei um einen weiteren Schritt
weg von der Truppenordnung 1961 und gleichzeitig um das
Ende der Planungen hinsichtlich etwaiger Nuklearwaffen für
die Schweiz (Auf der Maur 2008). Nach dem es in den 1990er
Jahren dann eine erfolglose Initiative gegen die Einführung
des F/A-18 Kampfjets gab (Bundesrat 1996), hatten sich im
September 2013 per Referendum gegen das Bundesgesetz
über den Fonds zur Beschaffung des Kampfflugzeuges
Gripen, 53.4 % der schweizerischen Bevölkerung nicht für
den schwedischen Kampfjet ausgesprochen (swiss votes
2022a). Noch knapper fiel die Eidgenössische Abstimmung
über die Beschaffung neuer Kampfflugzeuge im Jahr 2020
aus. Hier stimmten 50.1 % des Stimmvolkes schlussendlich
für entsprechende Investitionen in die Schweizer Luftwaffe,
wobei kein exakter Flugzeugtyp in der Vorlage genannt

wurde (swiss votes 2022b). Diese Abstimmung wurde als Legitimation für die Beschaffung des F-35A verwendet.

Die knappen und wechselnden Mehrheiten zeigen deutlich, warum im politischen System der Schweiz eine Einbeziehung möglichst vieler der relevanten politischen Akteure im Entscheidungsprozess vorgenommen wird. Referenden gegen eine bereits beschlossene Vorlage sollen damit u.a. vermieden werden (Haltiner 2011: 41 & Vatter 2018: 565). Genau das hätte aber bei der Beschaffung des F-35A passieren können. Die direkte Demokratie in der Schweiz trägt dazu bei, dass gesellschaftliche und politischen Differenzen ständig in der Öffentlichkeit sichtbar werden (Vatter 2018: 558).[1] Für Beschaffungen des VBS ist es daher entscheidend, ob hierfür stabile Mehrheiten in der Bundesversammlung und in der Bevölkerung generiert werden können. Hierbei ist zu berücksichtigen, ob eine Konsensfindung überhaupt möglich ist und welche Bedrohungsbilder sowie politischen Grundannahmen die jeweilige Argumentation leiten. Denn auch wenn das Schweizer Stimmvolk bei sicherheitspolitischen Abstimmungen häufig dem Kurs der Regierung folgte (Haltiner 2011: 52), kann das nicht immer als gegeben angenommen werden. Der Untersuchung der diesbezüglichen Diskurse kommt daher eine große Bedeutung zu.

Die direktdemokratischen Mitbestimmungsrechte in der Schweiz stellen ein bereits vielfach untersuchtes Forschungsfeld dar. Thomas Milic untersuchte z.B. den Einfluss der Parteien auf die inhaltliche Argumentation ihrer Anhänger bei Schweizer Sachabstimmungen und

---

1 Eine umfangreiche Abhandlung zur Geschichte und Funktionsweise der direkten Demokratie in der Eidgenossenschaft findet sich im Lehrbuch „Das politische System der Schweiz" von Adrian Vatter (Vatter 2018: 361 ff.)

fand dabei heraus, dass die Parteisympathie bei der
Auseinandersetzung mit Sachargumenten von Relevanz ist
(Milic 2010). Interessant ist auch die 2021 von Fabia Hultin
Morger publizierte Auseinandersetzung mit dem Einfluss
von Memes auf Schweizer Abstimmungskampagnen (Hultin
Morger 2021). Während beim erstgenannten Papier der Grad
der Einflussnahme von bestimmten Akteuren im Fokus
steht, beschäftigt sich Hultin Morger vor allem mit der Art
und Weise, wie mit Hilfe von Bild- und Schrifttexten auf
den politischen Diskurs Einfluss genommen wird. Auch
in dieser Arbeit soll untersucht werden, wie die Akteure
vorgehen, um den Diskurs zu beeinflussen und darauf
aufbauend wird analysiert, wie Handlungen von politischen
Entscheidungsträgern legitimiert oder delegitimiert
werden. Hierbei wird insbesondere auch berücksichtigt,
welche sicherheitspolitischen Grundannahmen und
welche Bedrohungsperzeptionen den Diskurs prägen. Vor
dem Hintergrund des großen Wandels, den die Schweizer
Gesellschaft diesbezüglich seit 1945 durchlebt hat
(Haltiner 2011: 41 ff.), erscheint es insbesondere vor dem
Aspekt der aktuellen Konflikte in Europa nur naheliegend
zu untersuchen, wie sich der diesbezügliche Diskurs
entwickelt. Hierbei wird maßgeblich auch auf den Text „Vom
schmerzlichen Verlieren alter Feindbilder – Bedrohungs-
und Risikoanalysen in der Schweiz" von Haltiner aus dem
Jahr 2011 zurückgegriffen. Durch die Untersuchung von
Argumentationen im politischen Diskurs wird in dieser
Arbeit auch gleichzeitig ein Beitrag zu einer aktuelleren
Analyse der vorherrschenden Bedrohungsperzeptionen in
der Schweiz geleistet. Dabei wird angenommen, dass diese
maßgeblich auch in Diskursen sozial konstruiert werden.

Die Initiative gegen eine Beschaffung des F-35A ist ein besonders geeigneter Untersuchungsgegenstand aufgrund der hohen Aktualität und der intensiv geführten öffentlichen Debatte. Insbesondere auch vor dem Hintergrund der Kontroversen über die Vorgehensweise des Bundesrates, des Parlamentes und des Initiativkomitees soll ein Beitrag zur Untersuchung der im Diskurs von Gegnern und Befürwortern[2] verwendeten Argumentation geleistet werden. Es wird deshalb die folgende Forschungsfrage aufgestellt: Wie unterscheidet sich die Argumentation der Gegner und die der Befürworter einer Beschaffung des F-35A Kampfjets für die Schweizerische Eidgenossenschaft im öffentlichen Diskurs? Demnach wird im Folgenden akteurszentriert gearbeitet und nur der diesen abgegrenzten Sachverhalt betreffende Diskurs betrachtet. Eine Generalisierbarkeit der Ergebnisse ist demnach schwierig, dennoch können aus den bei den Erklärungsansätzen herausgearbeiteten (sicherheits-)politischen Grundannahmen auch Folgerungen für die Betrachtung zukünftiger gesellschaftlicher Konflikte gezogen werden. Es wird u.a. festgestellt werden, dass beide Seiten eine andere Bedrohungsperzeption haben und daher jeweils logisch folgerichtig andere technische Merkmale für zweckmäßig erachten. Insbesondere die Neutralität der Schweiz, wie sie vom jeweiligen politischen Lager interpretiert wird, und die Kosten des Projektes dominieren historisch bedingt den Diskurs.

Zunächst wird der Kampfjet F-35A, unter Berücksichtigung der Armeebotschaft 2022[3], kurz vorgestellt und kontextualisiert. Anschließend wird die verwendete Methode der

---

2 In dieser Arbeit wird das generische Maskulinum verwendet. Es wird aber darum gebeten, dass die männliche Form als geschlechtsneutral verstanden wird.
3 Jedes Jahr übersendet der Bundesrat mit der Armeebotschaft die Bundesbeschlüsse zum Rüstungsprogramm und zum Immobilienprogramm des VBS an das Parlament. Hierdurch soll die Transparenz gefördert werden (VBS 2022a).

empirischen Sozialforschung vorgestellt. Um den Diskurs
zu dekonstruieren, die Sprache zu analysieren und die
Verbindungen zwischen Text und Kontext zu ergründen
wurde die Diskursanalyse als die geeignetste qualitative
Methode identifiziert. Hiermit kann ein tiefgründiges
Verständnis von den jeweiligen Sichtweisen und den dafür
verantwortlichen Grundannahmen erlangt werden. Es
existiert kein einheitliches Verständnis dieser Methode
in den Sozialwissenschaften. Aus diesem Grund wird das
hier zur Anwendung kommende Konzept ausführlich
erläutert. Danach werden der untersuchte Diskurs, die
Fallauswahl und der Materialkorpus vorgestellt. Die
daran anschließende Analyse wird in die Argumentation
der Gegner und die der Befürworter aufgeteilt und diese
anschließend miteinander verglichen. An dieser Stelle
werden auch mögliche Gründe für die Ergebnisse erläutert.
Im Rahmen des Fazits werden die Forschungsergebnisse
noch einmal dezidiert kritisch betrachtet.

Kampfjet F-35A

In der Armeebotschaft 2022 wirbt der Bundesrat u.a.
für den Bundesbeschluss über die Beschaffung des
Mehrzweckkampfflugzeuges F-35A, der Außerdienststellung
der F5-Tiger und der Beschaffung des bodengestützten
Luftverteidigungssystems Patriot. Ziel des Bundesrates ist es
dem Papier nach, die Bevölkerung der Schweiz in den nächsten
40 Jahren gegen Bedrohungen aus der Luft zu schützen. Zur
Wahrung der Sicherheit und der Souveränität der Schweiz soll
der Luftraum überwacht, beschützt und notfalls verteidigt
werden können (Bundesrat 2022: 1 f.). Aufgaben der Armee
wären demnach: „Wahrung der Lufthoheit, Schutz des
Luftraums bei Konferenzen und bei erhöhten Spannungen

sowie Verteidigung des Luftraums bei bewaffneten Konflikten"
(Bundesrat 2022: 2). Dem Bundesrat nach, kommen die
existierenden Waffensysteme ca. im Jahr 2030 an ihr
Nutzungsende und sind sowohl für den Luftkampf, als auch für
den Luftpolizeidienst nicht mehr zweckmäßig. Der F-35A soll
daher den F-5 Tiger und die F/A-18 Hornet ersetzen (ebd.: 2 f.).

Der F-35A ist ein Tarnkappen-Mehrzweckkampfflugzeug
des amerikanischen Herstellers Lockheed Martin. Die „A"
Variante des Kampfjets ist die Standardvariante, die sich
gegenüber „B" und „C" bei der Möglichkeit des Landens und
der Einsatzfähigkeit auf Flugzeugträgern unterscheidet.
Das Kampfflugzeug ist einsitzig und allwetterfähig. Der
größte Unterschied zu konventionellen Kampfjets liegt in
den Tarnkappeneigenschaften, welche eine Erfassung durch
gegnerische Radargeräte erschweren. Neben einer fest
verbauten Maschinenkanone verfügt der F-35A auch über
zwei interne Waffenschächte und sechs Außenlastträger.
Der Kampfjet kann neben verschiedenen Raketen,
Marschflugkörpern und Bomben, auch mit Atomwaffen
bestückt werden. In Europa nutzen momentan u.a.
Italien, Finnland, Norwegen, Dänemark, Großbritannien,
Niederlande, Belgien, Deutschland und Polen den Kampfjet
oder planen wie die Schweiz eine Beschaffung (Lenz
2022). Aber auch Länder wie Korea, Japan, Israel, Kanada
und Singapur nutzen den F-35 neben den Amerikanern.
Mit Stand August 2022 sind über 825 Kampfflugzeuge
des Typs weltweit ausgeliefert (Lockheed Martin 2022).
Der Hersteller bezeichnet das System als Kampfjet der 5.
Generation, welcher neben den Tarnkappeneigenschaften
vor allem auch über fortgeschrittene Sensorik und
Informationssysteme verfügen soll. Letztere sollen den
F-35A dazu befähigen Daten zu sammeln, zu analysieren

und zu teilen, um diese damit auch bodengebundenen
Waffensystemen im Rahmen des Gefechts der verbundenen
Waffen zur Verfügung zu stellen (Lockheed Martin 2019).

Im Zuge der fortschreitenden Entscheidung von europäischen
Staaten, den Kampfjet ebenfalls beschaffen zu wollen, hat
vor allem auch die mediale Berichterstattung über etwaige
Mängel zugenommen. Die deutsche Tagesschau schrieb z.B.
im März 2022 von Komplikationen durch die Beteiligung zu
vieler Nationen, Kritik hinsichtlich der Wendefähigkeit und
den als zu hoch kritisierten Betriebskosten. Darüber hinaus
gebe es Äußerungen, dass der Kampfjet noch nicht serienreif
sei, und es bei einigen Nutzerstaaten zu schwerwiegenden
technischen Problemen gekommen wäre (Brand 2022). Nach
der Beschaffung durch Deutschland wurde bekannt, dass
die Schweiz, wohl durch den früheren Vertragsabschluss, im
Vergleich deutlich weniger zu zahlen scheint (Weber 2022).

Der Diskurs hinsichtlich der Beschaffung des F-35A
kann nicht nur im Kontext der eingangs genannten
Debatten hinsichtlich der Kampfflugzeuge Gripen &
Mirage betrachtet werden, sondern auch im größeren
sicherheitspolitischen Diskurs der Schweiz. Neben dem
omnipräsenten Argument der Neutralität, ist auch die
Frage der sicherheitspolitische Notwendigkeit von solch
kostenintensiven Rüstungsgütern von hoher Relevanz. Die
diesbezüglichen Argumentationen lassen sich schlussendlich
auch auf die Frage zurückführen, ob die Schweiz überhaupt
eine Armee benötigt und welchen Auftrag diese hat. In
dieser Arbeit kann und soll hierauf aber keine Antwort
gefunden werden. Einige diesbezüglichen Überlegungen
sind aber für die Betrachtung des Diskurses erforderlich.

Es ist zunächst davon auszugehen, dass Streitkräfte, für
die Erfüllung des durch die Politik festgelegten Auftrages,
die bestmögliche Ausstattung fordern. Die Diskussion
über technische Details birgt dabei die Gefahr, dass die
damit verbundenen Argumente von vielen Bürgern nicht
nachvollzogen werden könnten. Umso wichtiger ist daher
die Berücksichtigung von übergeordneten Debatten. Seit
einigen Jahren gilt das Szenario eines gegen die Schweiz
geführten Angriffskriegs durch die direkt angrenzenden
Nachbarn als höchst unwahrscheinlich (Weilenmann 2009:
34). Dennoch leistet sich die Eidgenossenschaft Streitkräfte
und gibt ihnen u.a. den Auftrag, zivile Behörden bei der
Bewältigung von Krisen zu unterstützen. Neben der Hilfe bei
Katastrophenfällen, zählt man hierunter auch die Wahrung
der Sicherheit des Luftraums (ebd.: 41). Aus letztgenannter
Aufgabe lassen sich direkt einige Argumente für die
Beschaffung von Kampfflugzeugen ableiten. Auch aus der
Abstinenz von gewaltbereiten Nachbarstaaten lässt sich für
einen neutralen Staat jedoch nicht unbedingt eine Irrelevanz
militärischer Fähigkeiten folgern. Unabhängig von der
Frage, wie hoch der Einsatzwert der Streitkräfte der Schweiz
tatsächlich ist, können diese durch die bloße Möglichkeit
der Verteidigung ohne Rückgriff auf die Ressourcen anderer
Staaten auch als Ausdruck der Souveränität des Landes
gewertet werden (ebd.: 42). Insbesondere für ein neutrales
Land, ohne militärische Beistandspflichten, lässt sich das
plausibel argumentieren. Andere diesbezügliche Ansichten
sind aber sicherlich genauso plausibel herleitbar und auch
vor dem Hintergrund, dass niemand sicherheitspolitische
Entwicklungen exakt hervorsagen kann, wie der Einmarsch
Russlands in die Ukraine 2022 gezeigt hat, lässt sich keine
letztgültige Aussage treffen. Ob die Schweiz eine Armee
braucht und in welcher Dimension, muss daher ständig im

gesamtgesellschaftlichen Diskurs ausgehandelt werden und
die Debatte über die Beschaffung des F-35A ist hierbei auch
als ein Teil dieses übergeordneten Diskurses einzuordnen.

Methodik

Zunächst wird die Diskursanalyse als hier zur Anwendung
kommende Methode und das Verständnis dieser detailliert
vorgestellt. Hierbei greife ich auch auf Passagen aus
meiner unveröffentlichten Masterarbeit zurück (Müller
2022). Anschließend werden der identifizierte Diskurs,
die Fallauswahl und der Materialkorpus dargestellt.

Diskursanalyse

Die Diskursanalyse ist eine sozialwissenschaftliche
Methode, die sich mit der Analyse von Sprache und den darin
existierenden Mustern beschäftigt. Darüber hinaus findet
auch der soziale und der kulturelle Kontext Berücksichtigung
(Paltridge 2012: 1). Eine geeignete und gleichzeitig sehr kurze
Definition nach Gee bezeichnet die Diskursanalyse als Mittel
um die aktive Verwendung von Sprache zu untersuchen:
„Discourse analysis is the study of language-in-use" (Gee 2011:
8). Es wird in der Regel angenommen, dass es typische Formen
der Kommunikation in bestimmten Situationen gibt, mit
ähnlichen Bedeutungen und charakteristischen sprachlichen
Merkmalen (Paltridge 2012: 2). Bei der Diskursanalyse wird
also der Sprache eine große Bedeutung zugemessen. Das
basiert auf der Annahme, das Sprache nicht nur dazu dient,
Dinge zu äußern, sondern auch Dinge zu tun und etwas zu

sein (Gee 2011: 2). Sie wird gleichzeitig auch dafür genutzt, um über die Verteilung sozialer Güter[4] zu entscheiden (ebd.: 7).

Es existiert jedoch keine eindeutige Definition der Methode und während einige sich mehr auf die linguistischen Eigenheiten des Textes konzentrieren, liegt bei anderen der Schwerpunkt auf der Analyse des Inhaltes und der sozialen Konstruktion der Realität durch den Diskurs (Paltridge 2012: 1 ff. & Gee 2011: 8). Die sozialkonstruktivistische Perspektive impliziert, dass Sprache beeinflusst, wie Menschen die Welt wahrnehmen. Auch Identitäten werden durch Sprache konstruiert (Paltridge 2012: 1). Paltridge definiert die Methode darauf aufbauend deutlich umfangreicher als Gee:

> „Discourse analysis examines patterns of language across texts and considers the relationship between language and the social and cultural contexts in which it is used. Discourse analysis also considers the ways that the use of language presents different views of the world and different understandings. It examines how the use of language is influenced by relationships between participants as well as the effects the use of language has upon social identities and relations. It also considers how views of the world, and identities, are constructed through the use of discourse." (Paltridge 2012: 2)

---

4 Die Definition sozialer Güter gestaltet sich u.a. aufgrund des gesellschaftlichen Wandels schwierig. Michàlle Mor Barak definierte die Bedeutung des Begriffes 2020 dahingehend, dass es sich hierbei um das Wohlbefinden von Individuen, Gruppen und der Gesellschaft in den folgen Bereichen handelt: „environmental justice and sustainability, diversity and inclusion, and peace, harmony and collaboration" (Mor Barak 2020: 140).

Diese Definition legt den Fokus auf Interaktionen und Beziehungen zwischen Akteuren im Diskurs und der dabei entstehenden sozialen Konstruktion der Wirklichkeit. In Verbindung mit den konstruktivistischen Überlegungen von Michel Foucault, welcher u.a. davon ausging, dass eine in Diskursen sozial konstruierte Realität das Denken von Individuen prägt und der darauf aufbauenden These, dass deshalb auch Handlungen dadurch beeinflusst werden können (wie z.B. das Abstimmungsverhalten des Stimmvolkes), wird die Bedeutung der Diskursanalyse für die Untersuchung von Ereignissen offengelegt (Wiedemann/ Lohmeier 2019: 3). Hierbei wird Sprache als Werkzeug verstanden, um bestimmte Ziele zu erreichen. Von Relevanz sind dabei vor allem auch die Ideen, Werte und Normen, die verbreitet werden (Paltridge 2012: 7). Im Rahmen der sozialen Konstruktion der Realität durch Diskurse muss berücksichtigt werden, dass eine wechselseitige Beeinflussung zwischen Diskursen und dem Kontext besteht (ebd.: 7).

Von Bedeutung ist bei der Untersuchung auch die Diskurstruktur von Texten (ebd.: 2 ff.). Diese kann auch zur Dekonstruktion von Argumenten herangezogen werden. Akteure nutzen Argumente, um bestimmte Schlussfolgerungen zu begründen. Eben diese stellen gleichzeitig Handlungsempfehlungen für das Erreichen bestimmter Ziele dar (Fairclough/Fairclough 2011: 246). Die Ziele sind dabei in der Regel bereits vordefiniert und die jeweilige Argumentation wird dann nur für die Identifizierung des hierfür erforderlichen Handelns verwendet. Das spiegelt sich vor allem im politischen Diskurs wider, wo für das Erreichen bestimmter erstrebenswerter Ziele (z.B. Gerechtigkeit, Freiheit oder Gleichheit) notwendige Entscheidungen legitimiert werden müssen (ebd.: 246).

Neben der Konstruktion von Problemen und der daran anknüpfenden Präsentation einer geeigneten Lösung, ist die Legitimation von Handlungen zur Zielerreichung eine weitere Option. Für die Legitimation werden Variablen, wie z.B. die konkrete Situation, die Ziele, die Vor- und Nachteile und auch häufig als unumstößlich dargestellte moralische Überlegungen berücksichtigt (Fairclough/ Fairclough 2011: 246 ff.). Dabei spielen insbesondere auch Werte eine große Rolle. In einer Analyse sollten daher die folgenden Aspekte dezidiert berücksichtigt werden: Das Ziel, die Handlung um das Ziel zu erreichen, das Problem, auf welchen Werten die Ziele und Handlungen basieren und welche Kosten-Nutzen-Abwägungen und Effizienzgründe argumentativ Berücksichtigung finden (ebd.: 247 f.).

Die soeben mehrfach angesprochenen Werte und Normen von Diskursteilnehmern werden vor allem im Rahmen der kritischen Diskursanalyse analysiert (Paltridge 2012: 186). Die Grundannahme, dass Diskurse die Realität reflektieren und konstruieren ist dabei besonders relevant. Neben einer detaillierten Analyse der verwendeten Sprache, wird diese erklärt und interpretiert. Darauf aufbauend kann eine Dekonstruktion der dem Text zugrundeliegenden Ideologien, Vorurteile und Grundannahmen stattfinden. Dies kann auch vergleichend zu anderen Texten und den sich darin widerspiegelnden Anschauungen erfolgen (Paltridge 2012: 186). Auch bei der kritischen Diskursanalyse existiert jedoch keine einheitliche Definition. Viele wissenschaftliche Arbeiten orientieren sich aber an den im Folgenden genannten Prinzipien von Fairclough und Wodak. Zunächst wird angenommen, dass soziale und politische Probleme konstruiert sind und sich im Diskurs widerspiegeln. Auch gehen sie davon aus, dass

Machtverhältnisse in Diskursen ausgeübt werden und sich durch diese verändern. Des Weiteren entstehen auch soziale Beziehungen und Ideologien in Diskursen (Paltridge 2012: 187).

Hinsichtlich der Analyse der geschaffenen Realität schlägt Gee sieben verschiedenen Gebiete vor, an denen eine Konstruktion der Wirklichkeit gemessen werden kann. Er nennt diese „seven building tasks" (Gee 2011: 17). Das erste Gebiet ist die Signifikanz: Sprache vermittle eine individuelle Perzeption der Signifikanz von etwas. Als nächstes untersucht er Praktiken und Aktivitäten. Hierbei geht es darum, dass Sprache und Aktivitäten (hiermit sind u.a. die jeweiligen gesellschaftlichen Kontexte gemeint) immer miteinander verknüpft sind. Das dritte Gebiet ist die Verwendung der Sprache, um Identitäten in bestimmten Kontexten zu konstruieren und anderen mitzuteilen (ebd.: 17 f.). Beziehungen stellen das vierte Gebiet dar. Sprache wird auch dafür genutzt, um soziale Beziehungen zwischen Akteuren darzustellen oder zu begründen. Hinsichtlich der Politik und der Verteilung von sozialen Gütern geht es darum, dass Sprache die Verteilung von sozialen Gütern regelt und diese entweder jemanden zu- oder abspricht. Als vorletztes untersucht er, wie Sprache Verbindungen zwischen etwas herstellt. Den Abschluss bilden Zeichensysteme und Wissen. Dabei steht im Fokus, wie Sprache genutzt wird, um verschiedene Wissens- und Glaubensformen auf- oder abzuwerten (ebd.: 18 ff.). Zur Untersuchung des vorliegenden Sachverhaltes wird eine Vielzahl an verschiedenen Instrumentarien verwendet, um den Diskurs bestmöglich und aus mehreren Perspektiven zu dekonstruieren.

Diskurs, Fallauswahl, Materialkorpus

Der in dieser Arbeit untersuchte Diskurs ist der über die
Beschaffung des F-35A in der Schweiz. Hierbei stehen
Interessengruppen, die die Beschaffung des F-35A
befürworten oder ablehnen und damit das Vorgehen
des Bundesrates legitimieren oder verhindern wollen im
Fokus. Für die Auswahl der untersuchten Texte wurden
die Webseiten von den im Folgenden als für den Diskurs
bedeutsam identifizierten Organisationen manuell oder mit
Hilfe von Suchmaschinen nach relevanten Publikationen
durchsucht. Hierbei war es das Ziel Texte zu identifizieren,
die möglichst viele Aspekte argumentativ berücksichtigen.

Als erste medial im Diskurs sehr präsente Interessengruppe
wurde die „Gruppe für eine Schweiz ohne Armee“
(GSoA) identifiziert. Diese Organisation hatte auch die
Federführung im Initiativkomitee gegen die Beschaffung
des Kampfjets inne (Häsler 2021). Gemeinsam mit der
Sozialdemokratischen Partei der Schweiz und den Grünen
betreiben diese auch das Portal „Stop F-35“. Deren
Hauptargumentation findet sich auf der Webseite der
Kampagne gebündelt in einem Dossier. Dieser Text bildet
den Materialkorpus auf der Seite der Beschaffungsgegner.

Auf der Seite der Befürworter der Beschaffung ist die
Identifikation einer äquivalenten Bewegung schwierig. Es
existiert jedoch eine Webseite mit den Namen „Swiss F-35“.
Unter dem Slogan „Der richtige Kampfjet für die Schweiz“
wirbt die Interessenvertretung „Forum Flugplatz Dübendorf“
für die Beschaffung (Forum Flugplatz Dübendorf 2022). Es
findet sich hier jedoch keine vergleichbare Publikation der
Organisation, da vor allem auf Inhalte des VBS verwiesen
wird. Jedoch bewirbt das Forum Flugplatz Dübendorf

auch eine Publikation der Vereinigung „PRO LIBERTATE",
welche wiederum dabei für die Kampagnenwebseite
der erstgenannten Organisation wirbt. Das durch die
Schweizerische Vereinigung „PRO LIBERTATE" im Rahmen
der Unterstützerkampagne für die Beschaffung des
F-35 veröffentlichte Faktenblatt bildet deshalb zunächst
den Materialkorpus auf der Seite der Befürworter (PRO
LIBERTATE 2021). Der hierbei verwendete Argumentationstext
ist jedoch wie sich herausstellte, nahezu identisch mit einem
Faktenblatt des VBS zur Beschaffung des Kampfjets. Die
Aussagen wurden durch die Vereinigung lediglich visuell
ansprechender formatiert. Aus diesem Grund wird an Stelle
des Faktenblattes von „PRO LIBERTATE" direkt die beim VBS
online verfügbare Version des Faktenblattes vom 18. Mai
2022 analysiert (VBS 2022b). Als auf staatlicher Seite mit der
Beschaffung und Nutzung des Kampfjets betrauten Stelle,
kommt dem VBS im Diskurs eine besondere Bedeutung zu.

Die „Allianz Sicherheit Schweiz" tritt ebenfalls als
Befürworterin auf. Hierbei handelt es sich um eine
Gegenbewegung in der Schweiz zur GSoA (Matt 2021). Der
Präsident der Organisation ist Ständerat Thierry Burkart,
welcher auch als Parteipräsident der FDP fungiert. Auf
der Webseite „Swiss F-35" wird der Geschäftsführer
der Organisation, Marcel Schuler, als Unterstützer
zitiert (Schuler 2022). Eine Rubrik auf der Webseite der
Allianz ist der Abschnitt „Zahlen, Daten und Fakten zum
F-35A". Die hier kommunizierten Argumente werden
ebenfalls in den Materialkorpus aufgenommen, um
auch durch Interessenvertretungen selbst formulierte
Aussagen zu berücksichtigen. Aufgrund der deutlich
umfangreicheren Publikation auf der Seite der Gegner und
dem Umstand, dass das Komitee der Initiative ebenfalls

aus mehreren Organisationen besteht, spricht nichts
gegen eine Berücksichtigung von zwei Texten. Dabei
wurde selbstverständlich auf eine gewisse inhaltliche
Stringenz zwischen den beiden Publikationen geachtet.

Analyse

Es wird zuerst der Text des Komitees gegen die
Beschaffung des F-35A und anschließend die beiden
Texte der Befürworter des Projektes analysiert.

Argumentation gegen die Beschaffung des F-35A

Der Text des Komitees gegen die Beschaffung beginnt
mit einer kurzen Einleitung und gliedert dann die
berücksichtigten Argumente gegen die Beschaffung des
F-35A in mehrere Abschnitte. Abschließend wird der
eigentliche Abstimmungstext der Initiative kurz vorgestellt.
Zu Beginn wird sich auf die bereits erfolgte Abstimmung
zum Projekt „Air2030" bezogen. Die Autoren betonen
hier eine „hauchdünne Mehrheit" (Komitee „Stop F-35"
2021: 3). Hieraus wird ein enormer „Unmut" (ebd.: 3) der
Schweizer Bevölkerung abgeleitet. Die aus der Abstimmung
resultierenden Handlungen des Bundesrates vom 30. Juli
2021 werden als fehlende Annäherung an die Gegner der
Kampfjetbeschaffung kritisiert. Hierbei wird also de facto
eine das Ergebnis der Abstimmung folgende Handlungsweise
in Frage gestellt. Das wird jedoch im Anschluss direkt
teilweise relativiert, indem darauf verwiesen wird, dass
auch enge Abstimmungsergebnisse in Demokratien
vorkommen und zu respektieren seien. Den Initiatoren der
Abstimmung wird jedoch eine demokratische Vorgehensweise
abgesprochen und damit deren Handlungen delegitimiert:

„Hätte aber die Schweizer Bevölkerung nicht
über einen wolkigen und undemokratischen
Planungsbeschluss, sondern über die konkrete
Beschaffung eines spezifischen Kampfjettypen
abgestimmt, wäre das Resultat wohl anders
ausgefallen." (Komitee „Stop F-35" 2021: 3)

Die Argumentation basiert hierbei vor allem darauf, dass
nicht die Beschaffung eines konkreten Modells Teil der
Abstimmung war. Bei der Abstimmung über den Gripen,
war das konkrete Modell im Gegensatz dazu Teil des
Abstimmungstextes, was im Rahmen des diesbezüglichen
Diskurses, die Diskussion über die Geeignetheit dieses
Luftfahrzeuges eröffnete. Die GSoA argumentierte damals
dennoch teilweise auch typenunabhängig gegen die
Anschaffung von neuen Kampfjets, die für ggf. mehr als
nur luftpolizeiliche Aufgaben geeignet sind (GSoA 2013).

Insbesondere die geplante Einführung eines amerikanischen
Kampfjets wird von den Autoren als „Super-GAU" (Komitee
„Stop F-35" 2021: 3) bezeichnet. Durch diese Position wird
die Signifikanz der Thematik und die negative Konnotation
der Position der Befürworter des F-35A enorm erhöht. Eine
weitere Steigerung ist durch die gewählte Formulierung
kaum möglich. Es wird diesbezüglich mit einem Recht der
Bevölkerung auf die Abstimmung über die Einführung
eines konkretes Modelles argumentiert und der F-35A als
„im Unterhalt ultrateurer" (ebd.: 3) Kampfjet von vornherein
ausgeschlossen. Es wird darüber hinaus proklamiert, dass
die „CIA immer mit im Cockpit" (ebd.: 3) sitzen würde und
dass aufgrund eines fehlenden Zugriffes auf den gesamten
Quellcode der Kampfjets ein vollständig autonomer Betrieb
durch die Schweizer Armee nicht möglich sei (ebd.: 3).

Hiermit wird die Realität dahingehend sozial konstruiert,
dass die USA hiermit die Souveränität der Schweiz und ihrer
Landesverteidigung gefährden würden, was insbesondere
vor dem Hintergrund der historisch entstandenen
sicherheitspolitischen Autonomie des Landes (Haltiner
2011: 41 ff.) eine abschreckende Wirkung haben könnte
und die belastete Beziehung zwischen diesem politischer
Lager und den USA verdeutlicht. Gleichzeitig zeigen sich
hier Parallelen zu sicherheitspolitischen Diskursen in
der Vergangenheit, bei denen Teile der Linken einen
Imperialismus seitens der USA als Bedrohung für die Schweiz
identifiziert hatten, im Gegensatz zu den bürgerlichen
Parteien, die vor allem kriegerische Bedrohungen aus
dem osteuropäischen Raum fürchteten (ebd.: 47).

Bei der konkreten Aufschlüsselung der Argumente, um die
Beschaffung zu kritisieren, werden zunächst die als zu hoch
angesehenen Kosten des Projektes genannt und diesbezüglich
vor allem im Hinblick auf die Kosten der COVID-19-Pandemie
eine Finanzierbarkeit des Projektes angezweifelt. Hierbei wird
zum einen die Notwendigkeit der Tarnkappentechnologie
des F-35 für die Schweiz, als auch die Notwendigkeit eines
Luftfahrzeuges, dass für den Kampfeinsatz konzipiert sei,
bei der Erfüllung von luftpolizeilichen Aufgaben hinterfragt.
Diesbezüglich stünden die durch den Betrieb verursachten
Kosten in keiner Relation zum Nutzen. Hinsichtlich der
luftpolizeilichen Aufgaben wird als Gegenvorschlag die
Verwendung von leichten Kampfjets eingebracht, ohne dass
weiter ausgeführt wird, was darunter zu verstehen wäre.
Eine Beschaffung solcher Luftfahrzeuge sei von der Initiative
gegen die Beschaffung des F-35 stets befürwortet worden
(Komitee „Stop F-35" 2021: 4). Mit dieser Argumentation wird
das Bild einer Initiative konstruiert, die sich nicht prinzipiell

gegen die Beschaffung von Kampfjets stellt und lediglich
das konkrete Projekt des VBS hinterfragt. Hierbei wird das
Ziel (die Beschaffung eines neuen Kampfjets) nur bedingt
angegriffen und stattdessen vor allem die konkrete Handlung
um eben dieses Ziel zu erreichen mit Hilfe von Kosten-Nutzen-
Abwägungen kritisiert. Durch diese scheinbar unideologisch
geprägte Herangehensweise soll die Glaubwürdigkeit der
eigenen Argumentation gestärkt werden. Hiermit wird
vermutlich dem Umstand Rechnung getragen, dass für ein
Abstimmungsergebnis im Sinne der Initiatoren eine breite
Mehrheit in der Bevölkerung hätte erreicht werden müssen.

Die Betriebskosten des Projektes werden im Folgenden
auf Grundlage von Daten anderer Nationen geschätzt und
der „Verschleiss von hunderten Millionen Steuerfranken"
(Komitee „Stop F-35" 2021: 5) als „Irrsinn" (ebd.: 5), der
verhindert werden müsse, bezeichnet (ebd.: 4 f.). Hier zeigt
sich eine starke Fokussierung auf die Kosten, was ebenfalls
als negativ beschiedene Kosten-Nutzen-Abwägung zu werten
ist. Die Verwendung des F-35A für luftpolizeiliche Einsätze
sei „völlig absurd" (ebd.: 5) und wird durch den Vergleich „wie
wenn man mit Kanonen auf Spatzen schiessen würde" (ebd.:
5) als lächerlich dargestellt. Luftpolizeiliche Aufgaben sind
dem Text nach scheinbar der einzige legitime Einsatzzweck
eines Kampfjets der Schweizer Armee. Hier zeigt sich bereits,
dass der Einsatz von Kampfjets in einem Konflikt mittlerer
oder hoher Intensität für die Autoren nicht wirklich relevant
zu sein scheint. Eine mögliche Gefährdung des sozialen Gutes
„Frieden" durch ein Szenario der Landesverteidigung und die
damit einhergehende Aufgabe der Luftwaffe, die Lufthoheit zu
wahren sowie die Luftverteidigung durchführen zu können,
finden hier also eher weniger Berücksichtigung. Sprachlich
zeigen sich in den zuvor genannten Aussagen einige sehr

umgangssprachliche Formulierungen, die vermutlich
einen breiten Teil der Bevölkerung ansprechen sollen.

Die Zuverlässigkeit des Luftfahrzeugmusters wird ebenfalls
in Frage gestellt. Der Kampfjet wird als „Sorgenkind
der US-Luftwaffe und der Marine" (Komitee „Stop F-35"
2021: 5) betitelt und der Umstand, dass der F-35A nicht in
Gewittern fliegen könne zu den „amüsanten Zwischenfällen"
(ebd.: 5) gezählt. Hiermit wird zunächst humoristisch
versucht, die Beschaffung als nicht seriös einzustufen.
Daran anschließend zählen die Autoren technische
Mängel auf, die existieren sollen. Hierbei werden auch
Mängel aufgezählt, die lebensgefährlich für die Piloten
der Kampfjets wären, was beim Leser eine gewisse
Betroffenheit erzeugen könnte (ebd.: 5). Immer wieder
werden Mitglieder der amerikanischen Regierung oder
des Militärs als Quelle genannt, die den F-35 ebenfalls als
„gescheitert" (ebd.: 6) betrachten würden. Hiermit wird
für den Betrachter eine gewisse Seriosität konstruiert.

Des Weiteren wird dem F-35A im nächsten Abschnitt
abgesprochen, für kriegerische Auseinandersetzungen
überhaupt geeignet zu sein. Für diesen Teil der
Argumentation werden solche Szenarien nicht ausgeschlossen
und sich mit der Verwendbarkeit verschiedener
Waffensysteme in solchen Konflikten beschäftigt:

> „Im Falle eines Krieges, also der einzig
> anderen Einsatzsituation für Kampfjets
> nebst den luftpolizeilichen Aufgaben,
> sind Kampfjets aber völlig ungeeignet.
> Aktuelle Kriege wie der Berg-Karabach-
> Konflikt oder der Konflikt in der Ostukraine

zeigen, dass Kampfjets eine untergeordnete
oder gar keine Rolle im Kriegsgeschehen
spielten." (Komitee „Stop F-35" 2021: 6)

Es wird im weiteren Verlauf die These aufgestellt, dass
russische Raketen die Startpisten der Schweizer Luftwaffe
in wenigen Stunden zerstören könnten und diese damit
obsolet wären (ebd.: 6 f.). Hier wird damit ein logischer
Bruch argumentativ konstruiert. Dabei zeigt sich immer
wieder, dass die Autoren bemüht sind, eine möglichst leicht
verständliche Sprache zu wählen und die Behauptungen mit
Quellen und Äußerungen von international renommierten
Experten zu versehen. An dieser Stelle beziehen sie sich
auf den ehemaligen Chef der Schweizer Armee André
Blattmann (ebd.: 7). Ein gewisser Widerspruch besteht dabei
darin, dass die Aussagen von hochrangigen Militärs der
USA und der Schweiz dabei als seriöse Quellen betrachtet
werden und gleichzeitig aber die Meinung der Schweizer
Regierung und ihrer Experten als falsch erachtet wird.

Hinsichtlich eines etwaigen Einflusses der USA auf die
Schweiz im Rahmen der Verwendung des F-35A werden
Szenarien kreiert, in denen der Schweiz eine Verwendung
der Kampfjets durch die USA verwehrt wird:

> „Entweder würden die Jets aufgrund eingebauter
> Backdoors direkt am Boden bleiben, oder
> aber spätestens, wenn die Zulieferung von
> Ersatzteilen durch die Hersteller ausbleibt,
> vom Abheben gehindert werden." (ebd. : 7)

Darüber hinaus wird der Hersteller des F-35A
herabgewürdigt und als Vertragspartner delegitimiert:

„Lockheed gehört zu den grössten Produzenten
von militärischen Gütern. Der Konzern stellt
Atomwaffen und geächtete Waffen her. Die
Schweiz würde fünf Milliarden an einen Konzern
zahlen, der Waffen produziert, die in der Schweiz
verboten sind." (Komitee „Stop F-35" 2021: 7)

Das geschieht im Kontext von Äußerungen zur Außen-
und Verteidigungspolitik der USA. Hierbei wird in Bezug
auf die Vereinigten Staaten wieder ein Bild von einem
Staat und seiner Rüstungsindustrie konstruiert, der bei
der Vertretung der eigenen Interessen auch Gewalt und
militärische Eingriffe als legitime Handlungsoptionen
betrachten würde (ebd.: 7). Insbesondere im Kontext der
Schweizerischen Eidgenossenschaft und ihrer Neutralität
stellt das einen starken Kontrast dar, wodurch die Distanz
zwischen den beiden Staaten rhetorisch vergrößert
wird. Als Schlussargument wird die Gefahr konstruiert,
dass Kampfjets, die Eigentum der Schweiz sind, auch
durch die USA militärisch genutzt werden könnten.
Darüber hinaus wird das mit der Frage um die Wahrung
der Neutralität verbunden und die Beschaffung des
F-35A als Teil der Integration in die NATO gewertet:

„Mit der stark ausgebauten Kommunikation
zwischen verschiedenen militärischen Systemen,
besteht die Gefahr, dass die Schweizer Flugzeuge
in Zukunft nicht nur zum Schutz des Schweizer
Luftraums eingesetzt würden. [...], obschon dies
aus Perspektive der Neutralität zahlreiche Fragen
aufwirft. Mit einem US-amerikanischen Kampfjet
würde die Schweiz einen weiteren Schritt in
Richtung NATO gehen. So wird gerade beim F-35

recht offen kommuniziert, was das eigentliche
Ziel eines Verkaufs dieses Flugzeuges ist: Die
Eingliederung aller Nutzer in eine gemeinsame
Militärstruktur." (Komitee „Stop F-35" 2021: 8)

Nachdem der Herstellerfirma die Legitimation als
Handelspartner abgesprochen wird und das Bild von den
USA als kriegstreibende Kraft, die auch die Kampfjets
der Schweiz zum eigenen Vorteil nutzen oder sogar
fernsteuern könnten, vorangetrieben wird, steht zuletzt
die NATO im Fokus. Aufgrund der hier ablehnend
formulierten Aussagen kann geschlussfolgert werden,
dass die Initiative eine stärkere Integration der Schweiz in
westliche Militärbündnisse nicht befürwortet und ebenfalls
argumentativ versucht als Schreckensszenario zu verwenden.

Neben dem Delegitimieren der politischen Prozesse,
die der Beschaffung zugrunde liegen, fokussieren sich
die Gegner auf die Kosten des Projektes, eine aus ihrer
Sicht technische Ungeeignetheit des F-35A, die reine
Notwendigkeit einer luftpolizeilichen Aufgabenwahrnehmung
sowie auf die Gefahr der Schaffung einer militärischen
Abhängigkeit zwischen den USA und der Schweiz.

Argumentation für die Beschaffung des F-35A
Beim Faktenblatt des VBS handelt es sich um eine Sammlung
von Stichpunkten zu den jeweiligen im Diskurs relevanten
Aspekten der Beschaffungsdebatte um die Handlungen
des Bundesrates zu legitimieren. Zunächst wird als Ziel der
F-35A Beschaffung festgelegt, dass ein solcher Kampfjet
der Sicherheit der Schweiz dienen würde und gegen diverse
Bedrohungen einsetzbar sein müsste. Demzufolge geht das
VBS davon aus, dass die Sicherheit der Schweiz bedroht werden

könnte. Dabei wird explizit nicht nur der Friedensbetrieb
als mögliches Szenario berücksichtigt: „Der F-35A schützt
die Schweiz in der normalen Lage, bei erhöhten Spannungen
und bei einem bewaffneten Angriff." (VBS 2022b: 1). Eine
detaillierte Feststellung, was zu solchen Szenarien führen
könnte, bleibt hier aus. Konkreter wird der Bedarf durch die
„Allianz Sicherheit Schweiz" definiert. Zunächst sprechen
sie ebenfalls davon, dass „Luftverteidigung in allen Lagen
benötigt" wird (Allianz Sicherheit Schweiz 2022), um die
Schweiz zu schützen. Die Kategorisierung des VBS in normale
Lage, erhöhte Spannungen und bewaffneten Angriff findet
sich hier ebenfalls. Ein direkter militärischer Angriff wird
kurz- und mittelfristig als unwahrscheinlich eingestuft.
Dennoch müsste man sich für eine solche Gefahr wappnen:

> „Die Auswirkungen eines solchen Angriffs
> wären jedoch derart gravierend, dass dies
> nicht vernachlässigt werden darf. Zudem ist
> das Risiko von bewaffneten Konflikten im
> näheren europäischen Umfeld der Schweiz in
> den letzten Jahren gestiegen, [...]. Ein solcher
> Konflikt würde auch die Schweiz unmittelbar
> treffen, indem die Schweiz als neutraler Staat die
> Nutzung ihres Territoriums und Luftraums durch
> Konfliktparteien verhindern müsste." (ebd.)

Hiermit wird als Argument eine mögliche Gefahrenlage
kreiert, um eine Bedrohung des sozialen Gutes „Frieden"
zu vermitteln. Gleichzeitig wird damit die Signifikanz der
Thematik und einer hierfür vorhandenen militärischen
Aufrüstung erhöht. Eine Nichtbeschaffung des F-35A wird
bei den Befürwortern der „Allianz Sicherheit Schweiz" mit

einer Gefährdung sozialer Güter und der Nichterfüllung
von essentiellen Aufgaben des Bundesstaates verknüpft:

> „Ein Verzicht auf die Erneuerung der
> Kampfflugzeug-Flotte würde bedeuten, dass die
> Schweiz ab 2030 nicht mehr in der Lage wäre,
> die Schutz- und Verteidigungsaufgaben in ihrem
> eigenen Luftraum wahrzunehmen. Dies käme
> gleich mit der Aufgabe einer zentralen staatlichen
> Pflicht und dem Ende von sicherheitspolitischer
> Souveränität und bewaffneter Neutralität. Die
> Schweiz würde überdies sicherheitsmässig
> zu einem Loch in Europa und damit zu einem
> Risiko." (Allianz Sicherheit Schweiz 2022)

Hiermit wird beim Leser eine gewisse Angst erzeugt und
gleichzeitig jede andere Option als die Beschaffung des F-35A
delegitimiert. Bei einer Kosten-Nutzen-Abwägung wäre
demnach der nahezu größtmögliche Preis (die Souveränität
der Schweiz) für die Aufgabe des Beschaffungsprojektes
der Ausgangspunkt der Erwägungen. Insbesondere die
Verwendung der Begriffe „Souveränität" und „Neutralität" in
Verbindung mit einer drohenden Gefährdung dieser schafft
ein Szenario, dass bei vielen Bürgen der Schweiz, die die damit
verbundenen Aspekte als unumstößliche Werte und Normen
begreifen, eine Ablehnung anderer Handlungsoptionen
auslösen könnte. Vor allem auch die Neutralität ist hierbei
eine zentrale Thematik, die von den Befürwortern weiter
verwendet wird. Sie erläutern diesbezüglich, warum eben auch
insbesondere ein neutraler Staat Kampfjets benötigen würde.
Die Schweiz wäre durch das Neutralitätsrecht sogar dazu
verpflichtet, „ [...] sein eigenes Territorium – zu dem auch der
Luftraum gehört – glaubhaft zu schützen und zu verteidigen."

(Allianz Sicherheit Schweiz 2022). Diesbezüglich müsste
das Land auch „ […], Konfliktparteien davon abzuhalten das
eigene Staatsgebiet für militärische Zwecke zu nutzen oder zu
missbrauchen." (ebd.). Zunächst wird durch die Verbindung
zwischen der F-35A Beschaffung und der Verpflichtung, dass
Territorium zu schützen, eine Alternativlosigkeit suggeriert.
Darüber hinaus zeigt die herausgehobene Verwendung
der Neutralität als Argument für die Legitimierung der
Beschaffung die besondere Bedeutung dieser Norm für
die Gesellschaft. Das steht im Kontrast dazu, dass den
„klassischen schweizerischen Identitätswerten – Neutralität,
Föderalismus, Konkordanz" (Haltiner 2011: 48) nach dem Ende
des Ost-West-Konflikts teilweise die Berechtigungsgrundlage
versagt wurde (ebd.: 48 f.). Eine Abkehr hiervon zum
Zweck der Bekämpfung neuartiger Bedrohungen im engen
Verbund mit den Partnern scheint daher weniger relevant
zu sein für die Autoren, als die Fähigkeit der Schweiz
ihre Souveränität möglichst autark zu verteidigen.

Beim VBS wird insbesondere auch die besondere Eignung
des F-35A für luftpolizeiliche Aufgaben betont und der
Umstand, dass andere europäische Nationen diesen dafür
bereits einsetzen würden. Neben der Bekämpfung von
Flugzeugen und Helikoptern, sollen damit auch unbemannte
Luftsysteme sowie Bodenziele bekämpft werden können
(VBS 2022b: 1). Technologisch würde der F-35A eine
„Informationsüberlegenheit" (ebd.: 1) bieten und gleichzeitig
damit für eine hohe Effizienz im Betrieb, in der Ausbildung
und in der Instandhaltung sorgen. Die technologischen
Aspekte werden auch von der „Allianz Sicherheit Schweiz" im
Diskurs berücksichtigt. Hierbei ist besonders auffällig, dass
viele Details, wie z.B. ein „360° Infrarotbild im Helmvisier"
(Allianz Sicherheit Schweiz 2022) oder die exakte Bewaffnung

(„Kurzstreckenlenkwaffe AIM-9X mit Infrarotzielsuche"
(Allianz Sicherheit Schweiz 2022)) detailliert aufgeführt
werden. Das spricht gleichzeitig auch dafür, dass sich die
Interessengruppe vor allem auch an fachlich versierte Bürger
richtet oder über die Nennung dieser Details ein gewisses
Expertenwissen suggerieren will. Beim VBS wird auf eine
solche Detailtiefe im Faktenblatt verzichtet und damit
vermutlich versucht, eine breitere Zielgruppe anzusprechen.

Die Nutzung durch viele andere Staaten und die damit
verbundene hohe Stückzahl wird als Argument für
eine gesteigerte Effizienz verwendet (VBS 2022b: 1 f.).
Effizienzargumente und auch die diesbezüglich genannte
Reduktion der in der Ausbildung notwendigen Flugstunden
suggerieren dem Leser ein gewisses Kostenbewusstsein des
VBS. Auffällig ist, dass das VBS als staatliche Organisation
die eigenen Aussagen nicht mit Quellen belegt, sondern
die Glaubwürdigkeit scheinbar institutionell legitimiert
sein soll. Die große Anzahl an anderen Staaten, die den
Kampfjet nutzen, wird als Möglichkeit für die internationale
Zusammenarbeit identifiziert (ebd.: 2). Auch bei der
„Allianz Sicherheit Schweiz" werden die getroffenen
Aussagen nicht einzeln belegt (Allianz Sicherheit Schweiz
2022). Während beim VBS schlicht keine andere Option
genannt wird, benennt die Allianz ihre diesbezügliche
Ansicht ganz explizit und bezeichnet den F-35A als
„einziges für die Schweiz geeignetes vollwertiges Produkt
der fünften Generation" (Allianz Sicherheit Schweiz
2022). Auch hier steht wieder die Alternativlosigkeit der
Beschaffung im Vordergrund. Damit wird zum einen die
Signifikanz der Entscheidung erhöht und gleichzeitig
ein argumentativer Austausch weithin unterbunden.

Wirtschaftliche Aspekte dominieren beim VBS den Diskurs. Durch die Beschaffung des Kampfjets würde auch der Schweizer Arbeitsmarkt direkt profitieren und damit wiederum soziale Güter für die Bürger gefördert werden:

> „Mit der Beschaffung des F-35A werden aufgrund der Investitionen, der fortlaufenden Unterhaltsarbeiten und der Offsetprojekte während den kommenden Jahrzehnten hunderte hochqualifizierte Schweizer Arbeits- und Ausbildungsplätze gesichert." (VBS 2022b: 2).

Das durch das VBS konstruierte Bild des kostenbewussten Ministeriums wird stets gestärkt. Es wird argumentiert, dass eine Evaluation mit Kosten- und Nutzenabwägungen bei verschiedenen Handlungsoptionen durchgeführt worden wäre. Der F-35A hätte hierbei die „tiefsten Beschaffungs- und Betriebskosten – bei einem mit Abstand höchsten Nutzen" (ebd.: 2). Darüber hinaus würden die Beschaffungskosten unterhalb der durch das Parlament und der Stimmbevölkerung festgelegten Obergrenze von sechs Milliarden Franken liegen. Durch die Einbeziehung der entsprechenden Abstimmung werden die verursachten Kosten als bereits demokratisch legitimiert eingeordnet. Es würde darüber hinaus kein Sondervermögen für das VBS notwendig sein, da Beschaffung und Betrieb aus dem Budget der Armee finanziert werden könnten (ebd.: 2 f.). Hier soll vermutlich insbesondere im Hinblick auf vergangene Beschaffungsvorgänge, wie die der Mirage, Vertrauen gewonnen werden. Die Kontrolle des Projektes auf amerikanischer Seite durch den Kongress und das Pentagon soll für die Schweiz u.a. durch eine Preisgarantie und besondere Konditionen von

Vorteil sein (VBS 2022b: 3). Hinsichtlich der Autonomie der
Schweiz führt das VBS an, dass „vollständige Unabhängigkeit
vom Herstellerunternehmen und -land" (ebd.: 3) in „einer
globalisierten Welt nicht möglich" (ebd.: 3) sei. Hiermit wird
also eine Abhängigkeit von den anderen beteiligten Akteuren
bejaht. Das sei aber dem Text nach unkritisch, da die Schweiz
selbst bestimmen würde, welche Daten sie teilt und Betrieb
sowie Instandhaltung durch Schweizer Personal sichergestellt
werden würden. Im Falle von geschlossenen Grenzen,
könnte die Schweiz für sechs Monate autark den Betrieb des
F-35A aufrechterhalten. Die Verwendung des Kampfjets bei
insgesamt 16 Staaten soll außerdem dazu führen, dass die
Abhängigkeit von einzelnen Staaten geringer ausfällt (ebd.: 3).

Das letzte Argument um die Entscheidungen des VBS bei der
Beschaffung zu legitimieren ist die Umwelt. Hierbei handelt es
sich wieder um ein soziales Gut, dass für die Schweizer Bürger
geschützt werden soll. Aufgrund der niedrigeren Anzahl an
benötigten Flugstunden würde sich der Kerosinverbrauch
der Schweizer Kampfjets um etwa 25 Prozent verringern,
während die Lärmbelastung identisch bleiben würde
(ebd.: 4). Soziale Güter, wie hier die Reduzierung der
Umweltbelastung, sind im Diskurs fast omnipräsent.

Die Befürworter kommunizieren insgesamt eine andere
Perzeption hinsichtlich einer etwaigen Gefährdung der
Schweiz durch bewaffnete Konflikte, implizieren ein hohes
Kostenbewusstsein und versuchen das Investitionsvolumen
im Vergleich zum sicherheitspolitischen Gewinn
zu rechtfertigen. Das Projekt wird als alternativlos
präsentiert. Sie interpretieren die zuvor erfolgte
Abstimmung dabei als demokratische Legitimation

und versuchen die Beschaffung auch als Gewinn für
den lokalen Wirtschaftsstandort darzustellen.

Vergleich und Erklärungsansätze

Während bei den Befürwortern der Beschaffung des F-35A
eher technische Argumente über das Waffensystem den
Diskurs dominieren, versuchen die Gegner der Beschaffung
auch die demokratische Legitimität der zuvor bereits
erfolgten Abstimmung ein Stück weit anzuzweifeln.
Der Brisanz dessen scheinen sie sich aber sehr bewusst,
da sie ihre diesbezüglichen Argumente teilweise selbst
relativieren. Solche Vorwürfe waren im Diskurs auch
auf der Seite der Befürworter feststellbar, jedoch nicht in
den vorliegenden Texten. Die eingangs erwähnte Kritik
hinsichtlich etwaiger undemokratischen Vorgehensweisen
lässt sich hinsichtlich der Argumentation also höchstens
bei den Gegnern der Beschaffung konkret begründen.

Der wohl größte Unterschied zwischen den beiden Lagern
liegt allerdings in der Bedrohungsperzeption. Während die
Befürworter einen Kampfjet auch für erhöhte Spannungen
und bewaffnete Angriffe auf das Territorium der Schweiz
fordern, sehen die Gegner das soziale Gut „Frieden" nicht
im selben Maße bedroht. Während vor etwa zehn Jahren
eine kriegerische Bedrohung der Sicherheit der Schweiz für
alle Seiten noch undenkbar war (Haltiner 2011: 49), scheint
ein solches Szenario insbesondere die Argumentation der
Befürworter maßgeblich zu prägen. Der wahrscheinlichste
Grund hierfür sind die sicherheitspolitischen Entwicklungen
seit der Annexion der Krim 2014 durch die Russische
Föderation. Auch nicht-kriegerische Bedrohungen
scheinen jedoch sicherheitspolitisch relevant zu sein und

die Autarkie der Schweizer Landesverteidigung scheint im
Rahmen dessen ebenfalls ein Handlungsziel darzustellen.
Es könnte bei diesen Ansätzen und aufgrund der aktuellen
Entwicklungen in den nächsten Jahren in Europa zu einer
Rückkehr der Denkmuster und Bedrohungsperzeptionen
aus der Zeit vor dem Ende des Kalten Krieges kommen,
welche sich in der Schweiz u.a. in der Idee der totalen
Landesverteidigung widergespiegelt hatten (Haltiner 2011: 42).

Basierend auf der Feststellung eines anderen Bedarfes,
legitimieren die Gegner des Projektes nur die Beschaffung
eines ausschließlich für luftpolizeiliche Aufgaben geeigneten
Kampfjets. Dabei spielen insbesondere finanzielle
Überlegungen eine tragende Rolle. Bedingt durch die
Fokussierung auf luftpolizeiliche Aufgaben und der Ablehnung
der technischen Kapazitäten des F-35A wird ein pazifistisch
anmutender Vorbehalt gegenüber dem durch einen solchen
Kampfjet möglichen Einsatz von Waffengewalt suggeriert.

Die Initiative gegen die Beschaffung nutzt dabei eine leicht
verständliche und phasenweise sehr umgangssprachliche
Wortwahl. Hiermit soll vermutlich eine Mehrheit der
Bevölkerung erreicht werden. Die Aussagen werden dabei
stets mit Quellen belegt, um die Glaubwürdigkeit zu erhöhen.
Ein Novum scheint die notwendige enge Kooperation
mit den USA dazustellen. Diesbezüglich wird die USA als
außenpolitisch aggressiver Akteur delegitimiert und auch
Lockheed Martin als Hersteller von den Initiatoren nach
geächteten Waffen diskreditiert. Wie bereits ausgeführt
wurde, zeigt sich hier eine historisch von Teilen der
Schweizer Linken nicht unübliche Konstruktion von den
USA als akute Bedrohung für die Sicherheit der Schweiz.
Darüber hinaus wird neben der anderen Zielsetzung auch das

gewählte Mittel, in Form des F-35A, massiv aufgrund seiner Kosten und technischen Möglichkeiten sowie den eventuell bestehenden Mängeln kritisiert. Die Neutralität der Schweiz stellt dabei auch ein zentrales Argument dar, um Gefahren hinsichtlich der Kooperation mit den USA zu betonen.

Auch bei den Befürwortern ist die „Neutralität" ein wichtiger Begriff. Eben diese Neutralität würde die Schweiz insbesondere dazu verpflichten, ihren Luftraum zu kontrollieren. Hierbei zeigt sich, dass bei beiden Seiten die individuelle Interpretation der Neutralität des Landes tief im Wertekanon verwurzelt ist. Die Relevanz der Neutralität für die Argumentation ist sicherlich auch darin begründet, dass sich in der Geschichte der Schweiz die Neutralität als Sicherheitsgarant bewährt hat und damit im Sinne der ureigensten Aufgabe des Staates, das soziale Gut „Frieden" für seine Bürger bewahrt werden konnte (Haltiner 2011: 48).

Beim VBS werden, wie bei den Gegnern der Beschaffung, die Kosten in den Mittelpunkt gestellt. Grund hierfür ist sicherlich auch die eingangs genannte „Mirage-Affäre". Das Ministerium bemüht sich dabei, ein hohes Kostenbewusstsein zu vermitteln und die enge Kooperation mit den USA als finanziell äußerst lohnenswert darzustellen. Insbesondere auch die positiven Effekte für den Schweizer Arbeitsmarkt werden betont. Bei den sozialen Gütern findet hier auch die Umwelt Berücksichtigung. Dabei wird eine leicht verständliche Sprache und eine wenig polarisierende Wortwahl gewählt. Hiermit wird sicherlich auch der Repräsentation des Staates Rechnung getragen. Das spiegelt sich auch darin wieder, dass die Aussagen nicht belegt werden, sondern der Urheber selbst den Anspruch hat, genügend Glaubwürdigkeit auszustrahlen.

Summa summarum zeigt sich vor allem eine andere Bedrohungsperzeption zwischen den Gegnern und Befürwortern. Daraus wird jeweils logisch folgerichtig ein anderer Bedarf abgeleitet. Eine Kosten-Nutzen-Abwägung findet jeweils darauf aufbauend statt. Den Befürwortern erscheint der Kampfjet alternativlos, während die Gegner ihn für vollkommen unverhältnismäßig erachten. Ein Konsens erscheint daher fast unerreichbar. Während bei der Initiative gegen den F-35A die Ansichten der Befürworter gezielt abgewertet werden, agiert das VBS deutlich zurückhaltender. Eine gewisse Polarisierung des Diskurses lässt sich aber anhand des zweiten bei den Befürwortern berücksichtigten Textes ebenfalls feststellen. Die Argumentationen folgen dabei maßgeblich zwei unterschiedlichen außenpolitischen Denkschulen, die sich auch in anderen Ländern feststellen lassen. Bei einer eher durch den Realismus geprägten Herangehensweise steht das Überleben des eigenen Staates im Vordergrund. Um sein Fortbestehen zu sichern, muss der Staat Macht akkumulieren. Aus diesen Gründen muss er eine höchstmögliche Anzahl an Handlungsoptionen generieren, um die nationalen Sicherheitsinteressen bestmöglich verteidigen zu können. Solch eine Herangehensweise findet sich z.B. auch bei einigen Akteuren in den USA (Keller 2017: 182 & Medick-Krakau et al. 2012: 175). In den USA steht dem aber ein liberaler Ansatz gegenüber, der auf die Kosten fokussiert ist und dabei eine Reduzierung von Handlungsoptionen in Kauf nimmt (Medick-Krakau et al. 2012: 175). Eben das lässt sich hier auch am Beispiel der Schweiz feststellen. Insbesondere die Kosten stellen ein so dominantes Element im Diskurs dar, dass auch die Argumentation des VBS sich maßgeblich hiermit beschäftigt.

Fazit

Es wurde gezeigt, dass sich die Argumentation der Gegner
und die der Befürworter des F-35A zwar in einigen Punkten
(vor allem bei der Bedrohungsperzeption) unterscheidet
und es aber auch Gemeinsamkeiten gibt (insbesondere bei
der argumentativen Berücksichtigung der Neutralität, der
Autarkie und der Signifikanz der Kosten). Sprachlich lässt sich
bei den Gegnern eine stärkere Polarisierung feststellen. Sie
nutzen dabei insbesondere auch sehr umgangssprachliche
Formulierungen und versuchen damit vermutlich eine breite
Mehrheit in der Bevölkerung zu generieren, was im politischen
System der Schweiz und insbesondere bei Abstimmungen
des Stimmvolkes besonders relevant ist. Die Aussagen
werden dabei stets mit Quellen belegt. Insbesondere beim
VBS dominiert eine sehr zurückhaltende Sprache, die sich
auf die bloße Wiedergabe einzelner Argumente fokussiert.
Dabei wird nicht aktiv auf die Gegenseite eingegangen,
aber es entsteht der Eindruck, dass viele Argumente der
Gegner wohl bei der Erstellung Berücksichtigung fanden.

Als Kern der unterschiedlichen Ansichten lässt sich eine
verschiedenartige Bedrohungsperzeption identifizieren und
darauf aufbauend die Legitimation, bzw. Delegitimierung,
der Beschaffungsentscheidung. Es wurde dabei
festgestellt, dass die Autoren anderen sicherheitspolitische
Grundannahmen folgen. Diese lassen sich zwischen
verschiedenen politischen Lagern auch in anderen Staaten
identifizieren. Auf der einen Seite existieren realistische
Prämissen, die die Handlungsoptionen des Staates
erhöhen wollen und auf der anderen Seite Annahmen, die
vor allem kostenfokussiert sind. Vor dem Hintergrund
der bewegten Geschichte der Bedrohungsperzeption
der Schweizer, welche im stetigen Wandel war, ist das

sicherlich nicht ungewöhnlich. Fraglich ist, wie sich die sicherheitspolitischen Annahmen der Schweizer aufgrund des Krieges in der Ukraine und der anderen Bedrohungen für soziale Güter (Klimawandel, Terrorismus, Energiekrise etc.) entwickeln und welche Strategien zur Zielerreichung in diesem Rahmen gesellschaftlich mehrheitsfähig sind sowie in Diskursen legitimiert werden können.

Das Forschungsdesign und die Fallauswahl sind geeignet, um die Forschungsfrage zu beantworten. Schwächen zeigen sich aufgrund der geringen Anzahl der berücksichtigten Texte insbesondere in der Generalisierbarkeit der Aussagen. Die Fokussierung auf ein konkretes Rüstungsprojekt und die Notwendigkeit im politischen System der Schweiz eine möglichst breite Mehrheit bei den Volksabstimmungen zu generieren, birgt darüber hinaus die Gefahr, dass es sich hierbei nicht um generelle Ansichten der beteiligten Organisationen handelt, sondern das diese teilweise projektbezogen ihre Argumentation angepasst haben könnten. Die Beschaffung des F-35A durch diverse andere Staaten schafft gleichzeitig die Möglichkeit, anhand dieses Untersuchungsgegenstandes, den Diskurs in weiteren Staaten mit Hilfe der Diskursanalyse zu untersuchen und durch den Vergleich zwischen diesen einen tieferen Einblick in die nationalen Besonderheiten der politischen Diskurse zu erlangen.

Referenzen

Allianz Sicherheit Schweiz (2022): Zahlen, Daten und Fakten zum F-35A, <https://allianzsicherheit.ch/f-35/#section-b50aed8-1> [Zugriff 2022-08-15].

Auf der Maur, Jost (2008): Atommacht Schweiz, <https://www.nzz.ch/atommacht_schweiz-ld.504141> [Zugriff 2022-11-06].

Brand, Katrin (2022): Alles- oder Nichtskönner?, <https://www.tagesschau.de/ausland/amerika/f35-kampfjet-101.html#:~:text=Kritiker%20sagen%2C%20die%20mit%20anspruchsvoller,auf%20dem%20Bauch%20landen%20musste.> [Zugriff 2022-08-14].

Bundesrat (1996): Pressemitteilung: Der erste Schweizer F/A-18 fliegt, <https://www.admin.ch/cp/d/1996May3.090009.5695@idz.bfi.admin.ch.html> [Zugriff 2022-08-15].

Bundesrat (2022): Armeebotschaft 2022, <https://www.fedlex.admin.ch/eli/fga/2022/615/de> [Zugriff 2022-10-08].

Burkhardt, Philipp (2022): 6 Milliarden für F-35A: Mit dem neuen Kampfjet werden Volksrechte gegroundet, <https://www.srf.ch/news/schweiz/6-milliarden-fuer-f-35a-mit-dem-neuen-kampfjet-werden-volksrechte-gegroundet> [Zugriff 2022-10-06].

Fairclough, Isabela/Fairclough, Norman (2011): Practical reasoning in political discourse: The UK government's response to the economic crisis in the 2008 Pre-Budget Report, in: Discourse & Society 22 (2011), S. 243–268.

Forum Flugplatz Dübendorf (2022): Swiss F-35: Der richtige Kampfjet für die Schweiz, <https://swiss-f35.ch/> [Zugriff 2022-08-16].

Gee, James Paul (2011): An introduction to discourse analysis: Theory and method, 3. Aufl., New York: Routledge, 2011.
GSoA (2013): GSoA fordert echte Sicherheitspolitik, <https://www.gsoa.ch/press_release/gsoa-fordert-echte-sicherheitspolitik/> [Zugriff 2022-10-08].

Haltiner, Karl W. (2011): Vom schmerzlichen Verlieren alter Feindbilder – Bedrohungs- und Risikoanalysen in der Schweiz, in: Thomas Jäger/Ralph Thiele (Hrsg.), Transformation der Sicherheitspolitik: Deutschland, Österreich, Schweiz im Vergleich, 2011, S. 39–58.

Häsler, Bern (2021): Die Behauptungen der Kampfjetgegner werden auch bei ständiger Wiederholung nicht wahr, <https://www.nzz.ch/meinung/f-35-die-linke-durchsetzungsinitiative-ld.1643082> [Zugriff 2022-08-17].

Hultin Morger, Fabia (2021): Wenn Memes Politik machen: Eine Analyse von Memes der Operation Libero in Schweizer Abstimmungskampagnen, in: Bulletin Suisse de Linguistique Appliquée (2021), S. 231–250.

Jäger, Thomas (Hrsg.) (2017): Die Außenpolitik der USA, Wiesbaden: Springer Fachmedien Wiesbaden, 2017.

Jäger, Thomas/Thiele, Ralph (Hrsg.) (2011): Transformation der Sicherheitspolitik: Deutschland, Österreich, Schweiz im Vergleich, Wiesbaden: VS Verl. für Sozialwiss, 2011.

Keller, Patrick (2017): Sicherheitspolitik, in: Thomas Jäger (Hrsg.), Die Außenpolitik der USA, 2017, S. 181–202.

Komitee „Stop F-35" (2021): STOP F-35: Eidgenössische Volksinitiative gegen den F-35, <https://stop-f-35.ch/wp-content/uploads/2022/02/Stop-F-35-Argumentarium.pdf> [Zugriff 2022-08-16].

Komitee „Stop F-35" (2022): Die Stop F-35 Initiative: von der Lancierung bis zur bundesrätlichen Abwürgung, <https://stop-f-35.ch/2022/09/30/die-stop-f-35-initiative-von-der-lancierung-bis-zur-bundesraetlichen-abwuergung/#Kampf> [Zugriff 2022-10-06].

Lenz, Björn (2022): Lockheed Martin F-35: Das Mehrzweckkampfflugzeug der neuesten Generation, <https://www.bmvg.de/de/aktuelles/f-35-das-mehrzweckkampfflugzeug-der-neuesten-generation-5371316> [Zugriff 2022-08-17].

Leuthard, Urs (2022): Initiative «Stop F-35»: Dem Initiativ-Komitee kam das Weltgeschehen in die Quere, <https://www.srf.ch/news/schweiz/initiative-stop-f-35-dem-initiativ-komitee-kam-das-weltgeschehen-in-die-quere> [Zugriff 2022-08-17].

Lockheed Martin (2019): F-35A Lethal. Survivable. Connected., <https://www.f35.com/content/dam/lockheed-martin/aero/f35/documents/FG19-00608_001%20Product%20Card%20F-35A%20media.pdf> [Zugriff 2022-08-14].

Lockheed Martin (2022): F-35 Lightning II Program Status and Fast Facts, <https://www.f35.com/content/dam/lockheed-

martin/aero/f35/documents/F35%20Fast%20Facts%20
August%202022.pdf> [Zugriff 2022-08-14].
Matt, Othmar von (2021): Allianz Sicherheit Schweiz: Das ist
die neue Anti-GSoA der Bürgerlichen – mit Ständerat Thierry
Burkart an der Spitze, <https://www.tagblatt.ch/schweiz/
sicherheitspolitik-allianz-sicherheit-schweiz-das-ist-die-neue-
anti-gsoa-der-buergerlichen-mit-staenderat-thierry-burkart-
an-der-spitze-ld.2177648?reduced=true> [Zugriff 2022-08-16].

Medick-Krakau, Monika/Brand, Alexander/Robel, Stefan
(2012): Die Außen- und Weltpolitik der USA, in: Michael Staack
(Hrsg.), Einführung in die Internationale Politik: Studienbuch,
2012, S. 166–212.

Milic, Thomas (2010): Steuern die Parteien das Volk? Der
Einfluss der Parteien auf die inhaltliche Argumentation ihrer
Anhängerschaften bei Schweizer Sachabstimmungen, in: ZPol
20 (2010), S. 3–45.

Mor Barak, Michàlle E. (2020): The Practice and Science of
Social Good: Emerging Paths to Positive Social Impact, in:
Research on Social Work Practice 30 (2020), S. 139–150.

Müller, Anthony (2022): Untersuchung des Diskurses auf der
Ebene der amerikanischen Think Tanks über die Einführung
einer „sole purpose" Doktrin durch Joe Biden für die
Nuklearwaffenpolitik der Vereinigten Staaten von Amerika
[unveröffentlichte Masterarbeit]. Helmut-Schmidt-Universität.

Paltridge, Brian (2012): Discourse analysis: An introduction,
2. Aufl., London: Bloomsbury, 2012.

PRO LIBERTATE (2021): F-35A: Faktenblatt zum geplanten neuen Kampfflugzeug, <https://www.prolibertate.ch/wp-content/uploads/factsheet_f35.pdf> [Zugriff 2022-08-17].
Ruckli, Hanspeter (2003): 38 Jahre Mirage-Aufklärer in der Schweiz, in: ASMZ 169 (2003), S. 20–21.

Schuler, Marcel (2022): GSoA-Fake-News entfkräften, <https://swiss-f35.ch/testimonial/gsoa-fake-news-entfkaeften/> [Zugriff 2022-10-09].

Staack, Michael (Hrsg.) (2012): Einführung in die Internationale Politik: Studienbuch, 5. Aufl., München: Oldenbourg, 2012.

swiss votes (2022a): Fonds zur Beschaffung des Kampfflugzeugs Gripen, <https://swissvotes.ch/vote/584.00> [Zugriff 2022-08-15].

swiss votes (2022b): Beschaffung neuer Kampfflugzeuge, <https://swissvotes.ch/vote/635.00> [Zugriff 2022-08-15].

Vatter, Adrian (2018): Das politische System der Schweiz, 3. Aufl., Baden-Baden: Nomos, 2018.

VBS (2022a): Armeebotschaften, <https://www.vbs.admin.ch/de/sicherheit/armee/armeebotschaften.html> [Zugriff 2022-10-09].

VBS (2022b): Faktenblatt Air2030 – Schutz des Luftraums: F-35A, <https://www.vbs.admin.ch/de/sicherheit/armee/air2030.html#handouts> [Zugriff 2022-07-15].

Weber, Joachim (2022): Rüstungsdeal wirft Fragen auf. Warum zahlt die Schweiz für die F-35 so viel weniger, Frau Lambrecht?, < https://www.focus.de/politik/deutschland/ruestungsdeal-wirft-fragen-auf-warum-zahlt-die-schweiz-fuer-die-f-35-so-viel-weniger-frau-lambrecht_id_180439127.html> [Zugriff 2022-12-20].

Weilenmann, Daniel (2009): Braucht die Schweiz eine Armee?, in: Military Power Revue der Schweizer Armee 2 (2009), S. 32–43.

Wiedemann, Thomas/Lohmeier, Christine (Hrsg.) (2019): Diskursanalyse für die Kommunikationswissenschaft: Theorien, Vorgehen, Erweiterungen, Wiesbaden/Heidelberg: Springer VS, 2019.

Zwahlen, Marco (2022): Ständerat will bei Kampfflugzeug-Beschaffung Nägel mit Köpfen machen, <https://www.vbs.admin.ch/de/home.detail.news.html/vbs-internet/parlament/2022/220602c.html> [Zugriff 2022-08-16].